나이로비

아프리카의 관문

차례

Contents

엥카레 나이로비

동아프리카의 관문 나이로비의 조모 케냐타 국제공항(JKIA)에 도착하는 순간, 손을 뻗으면 닿을 것만 같이 낮게 깔린 흰 구름과 버섯 모양의 아카시아 나무가 한눈에 들어와 강렬한 인상을 받는다. 탁 트인 대지와 싱그러운 공기는 상쾌한 느낌과 함께 해방감을 선사한다.

케냐의 수도인 나이로비는 적도에서 남쪽으로 불과 140㎞ 떨어진 곳에 위치해 있다. 그래서 이곳을 찾는 사람들은 전형적인 열대기후를 상상한다. 그러나 나이로비에 도착하는 순간 그러한 상상은 쾌적한 기온과 함께 사라진다. 케냐는 북반구와 계절이 반대이다. 그래서 6~8월경에 나이로비를 방문하는 사람들은 마치 상춘(常春)의 도시에 온 것 같은 느낌에 사로잡힌다. 연중 평균 기온도 섭씨 15-20도에 불과해 전형적인 열대기후는 거의 느끼지 못한다. 심지어 아침저녁으로는 사람들의 옷깃을 여미게 할 정도로 쌀쌀하다. 이렇게 쾌적한 기후는 나이로비가 해발 1,660m의 고도에 자리잡고 있기 때문이다. 높은 해발 고도가 적도의 작열하는 태양이 발산하는 열을 누그러뜨리는 것이다.

적도 부근에 흐르는 차가운 물 : 엥카레 나이로비

나이로비는 처음에 '냐로베(Nyarobe)'로 표기되기도 했으나 나중에 나이로비라는 이름으로 널리 알려지게 되었다. '엥카레 나이로비(Enkare Nairobi)'는 마사이어에서 유래한 지명인데 '차가운 물'을 의미한다. 도시로 형성되기 이전에 나이로비는 마사이 부족민들이 소를 몰고다니는 드넓은 초원이었다. 비록 강이라고 부르지만 작은 하천에 불과한 나이로비 강을 따라 곳곳에 습지가 형성되어, 밤만 되면 개구리들이 시끄럽게 울고 동물들이 물을 마시러 내려왔던 한적한 곳이었다. 항상 물이 흐르고 있었기 때문에 마사이 부족민들은 이곳에 소를 몰고와서 물을 먹이곤 했다. 마사이 부족민들에게 나이로비는 그야말로 시작도 끝도 없이 펼쳐진 사바나의 '차가운 물이 흐르는 곳'이었다.

나이로비는 마사이, 키쿠유, 캄바족의 영토에 둘러싸인 곳이다. 나이로비를 기점으로 남쪽으로 탄자니아와의 국경에 이르기까지는 마사이족이 주로 소를 유목하며 살아간다. 이들은 물과 풀을 찾아 여기저기 옮겨다닌다. 케냐의 주요 사파리 대상지인 마사이 마라, 암보셀리 등이 대부분 마사이 부족령 범주 안에 들어 있다. 키쿠유족은 나이로비 북쪽의 리무루, 키암부, 씨카, 무랑아, 녜리, 카라티나 등의 지방 소도시를 중심으로 살아간다. 대개 나이로비에서 애버데어, 케냐 산 사이에 집중적으로 거주하며 주로 커피, 화훼 등과 같은 농업에 종사한다. 캄바족은 나이로비 외곽의 아씨 강(Athi River)을 지나면 나타나는 마차코스와 키투이 지역에서 살아가는 케냐의 주요 종족이다.

젊은 도시의 역동성

동아프리카는 인류의 요람으로 알려져 있을 만큼 유구한 역사를 자랑한다. 그래서 인류의 기원을 규명하기 위한 고고학자들의 방문이 끊이지 않았다. 그들은 케냐의 투르카나 호수나 탄자니아의 올두바이 계곡에서 현지 조사와 연구를 지속적으로 수행하기 위해 동아프리카의 관문 나이로비를 통해서 입국한다. 그런데 인류의 요람인 동아프리카의 유구한 역사에 비하면 도시로서의 나이로비의 역사는 그야말로 일천하다. 나이로비가 형성되기 시작한 것은 불과 100여 년 전이며 그나마 도시로서의 본격적인 면모를 갖춘 지는 50년 정도밖에 되지 않는다.

1899년에 몸바사와 나이로비 사이의 구간에 철도 건설이 이루어졌다. 1905년, 영국령 동아프리카에 대한 업무가 외무성(Foreign Office)에서 식민성(Colonial Office)으로 이관되었고, 1907년에는 나이로비가 영국령 동아프리카의 수도가 되었다. 그리고 1950년 3월, 영국 여왕 엘리자베스 2세의 칙령에 의거 시로 승격됨으로써 나이로비는 근대적 의미의 도시로 거듭난다.

영국령 동아프리카의 수도가 되면서 나이로비는 급속하게 발전했다. 1919년에는 인구가 1만여 명 정도였으나 1948년에는 약 12만에 달했다. 또, 독립 후인 1969년에는 51만, 1979년에는 83만, 1989년에는 135만으로 급속한 인구팽창을 경험했다. 지금은 2백만 명이 넘는 인구가 나이로비에서 거주하고 있다.

인구뿐만 아니라 그 위상이나 역할에서도 나이로비는 비약적인 변화를 겪어왔다. 동아프리카 3국(케냐, 우간다, 탄자니아)이 동아프리카공동체(East African Community)를 형성하고 있었을 당시 나이로비는 동아프리카의 중심지 역할을 수행했다. 오늘날에도 나이로비는 철도, 육로, 항공 등 모든 교통망의 중심으로서 정치, 경제, 문화의 중핵(中核)을 이룬다. 유엔환경계획(UNEP)이 나이로비에 본부를 두고 있고 세계의 많은 나라들이 나이로비에 공관을 설치하여 자국의 외교정책을 집행한다. 또한 세계의 주요 다국적 기업들도 나이로비를 거점으로 삼아 동부아프리카 시장 개척에 적극적으로 나서고 있다.

거대한 강철 뱀

1890년 영국과 독일은 동아프리카 분할에 합의했다. 이로써 영국은 케냐와 우간다를 차지하고 독일은 탕가니카를 통치하게 되었다. 그로부터 5년이 지난 1895년, 케냐는 영국 동아프리카 보호령(British East Africa Protectorate)으로 선포되어 영국의 본격적인 통치를 받는다.

광기의 노선

영국 정부는 1895년부터 인도양에 면한 천혜의 항구도시 몸바사와 빅토리아 호수 연안의 키수무를 연결하는 철도 건설 공사에 착수해 1901년에 완성을 보았다. 철도 건설의 주목적은 인도양과 우간다를 안정적으로 연결하는 철도망을 구축함으로써 우간다와 내륙 개발을 본격화하기 위함이었다. 당시 육봉국(陸封國, land-locked)인 우간다를 효율적으로 개발하기 위해서는 기본적 하부 구조인 철도망의 확충이 선행되어야 한다는 인식이 팽배했다. 철도 건설을 시작할 당시에 케냐는 그다지 주목받은 땅은 아니었다. 경제적 가치가 큰 자원이 매장된 지역도 아니었고 우간다처럼 비옥한 땅으로 평가되지도 않았기 때문이다.

철도 건설의 종착지 빅토리아 호는 아프리카 최대의 담수호(淡水湖)로 나일 강의 수원(水源)을 이룬다. 빅토리아 호에서 발원한 나일 강은 수단과 이집트를 거쳐 6천4백 km의 기나긴 여정 끝에 결국 지중해까지 도달한다. 빅토리아 호에 쉽사리 접근할 수 있는 철로를 건설한 데에는 나일 강의 수원과 수에즈 운하의 통제권을 장악할 수 있다는 전략적 고려도 있었던 것으로 추측된다. 즉, 나일 강의 수원을 이루는 빅토리아 호를 장악한다는 것은 동아프리카에 대한 지배를 더욱 공고히 하고 나아가 수단에 대한 지배권을 확실히 한다는 실질적인 의미를 지녔던 것이다. 따라서 철도 건설이 경제적 이익보다는 정치적 고려에 의한 결정이었다는 것은 자명하다.

인도양에서 '아프리카의 진주' 혹은 '나일 강의 요람(the cradle of the Nile)'으로 알려진 우간다에 쉽게 접근하기 위한 목적으로 건설된 철도는 동부아프리카를 관통하는 대동맥이었다. 또한 이 철도는 케냐의 역사에 있어서도 무척 중요한 의미를 지니고 있었다. 즉, 철도 건설은 우간다 개발을 본격화하기 위한 동기로 시작되었지만 부수적으로 케냐의 내륙 지방이 본격적으로 외부세계에 알려지는 계기가 되었다. 동아프리카 보호령의 초대 총독을 지낸 찰스 엘리엇 경(Sir Charles Eliot)은 철도 건설과 케냐 발전의 긴밀한 상호관계를 다음과 같이 표현했다. "철도가 어떤 나라를 활짝 개방하는 경우가 드물지는 않지만 우간다 철도의 경우는 말 그대로 한 나라를 만들어냈다."

식민지 시대의 본격적인 도래와 함께 건설되기 시작한 아프리카 대륙 곳곳의 철도들은 해안 지방과 내륙 지방을 연결하는 노선이었다. 내륙 지방에서 개발한 광물자원과 상품원료들을 항구로 용이하게 운송하기 위한 것이 주목적이었다. 그러나 아프리카 대륙은 유럽과 달리 인구밀도가 조밀하지 않고 주민들이 광활한 지역에 퍼져 살아가기 때문에 철도 건설의 타당성과 당위성에 관한 논란이 끊이질 않았다. 철도는 주로 화물운송에 치중해 있었지만 화물운송도 특정 시기에 집중됨으로써 나머지 기간은 그다지 유익한 운송체계로 기능하지 못했다. 우간다 철도도 이익창출 가능성과 효용성에 논란이 제기되었다.

한편 철도 건설 비용은 무려 8백만 파운드에 달했다. 식민 당국이 자력으로 철도를 건설한다는 것은 불가능했다. 엄청난 비용을 조달하기 위해서 그들은 노예무역을 근절하고 우간다에 대한 통치를 원활히 하기 위해서라는 명분을 내세웠다. 철도는 인도양의 저지대를 출발하여 동아프리카의 지구대(Rift

Valley)를 향하여 천천히 올라가는 험난한 여정이었다. 그렇게 해서 건설되기 시작한 철도는 '우간다 철도(Uganda Railway)'라는 정식 이름으로 명명되었지만, 그보다는 '광기의 노선(the lunatic line)'이란 이름으로 널리 알려졌다. 엄청난 비용, 철도 건설 예정 구간의 난공사, 계획의 무모함을 빗대 '광기의 노선'이라는 이름으로 불려진 것이다. 공사에 동원된 수많은 인도인들과 케냐인들이 희생되기도 했는데, 특히 가장 악명 높은 건설 구간은 야수들이 우글거리는 오늘날의 차보 국립공원이었다. 이곳에서 교량을 건설하는 작업 도중 노동자들이 밤마다 식인사자에게 희생되었고, 흉흉한 공포분위기가 고조되어 공사가 중단되는 위기에 처하기도 했다.

철도 건설에 착수한 지 3년이 지난 1899년 몸바사-나이로비 구간이 개통되고 나이로비 역이 완성됨으로써 나이로비 발전에 새로운 전기가 마련되었다. 그로부터 6년이 지나고 나이로비가 몸바사를 대신하여 영국 동아프리카 보호령의 수도로 승격됨으로써 본격적인 개발이 시작되었다. 철도 건설에 동원된 노동자들을 위한 임시 숙소와 이들을 위한 시설들이 여기저기에 뻗어나가면서 이제 나이로비는 도시로서의 면모를 갖추기 시작했다. 그러나 '329마일(Mile 329)'이란 구간 거리로 표시되었던 사실에서도 알 수 있듯이 당시 나이로비는 철도 건설 구간에 존재하는 특정 지점 이상의 의미를 지니고 있지는 않았다.

유령과 어둠

1898년 3월 1일 영국에서 출항한 배가 인도양에 면한 케냐의 몸바사 항구에 기항(寄港)하자 30대 초반의 젊은 영국인 엔지니어가 발을 내딛었다. 그의 이름은 헨리 패터슨(J.H. Patterson). 그가 영국을 떠나 머나먼 케냐 땅에 발을 내디딘 목적은 우간다 철도 건설 구간에 있는 차보(Tsavo)에서 교량 구축을 지휘하고 감독하기 위함이었다.

차보는 몸바사와 나이로비의 중간 지점에 있는 반건조 지역(semi-arid area)으로 몹시 척박하고 황량한 분위기를 자아내는 곳이다. 오늘날에는 철도를 사이에 두고 동차보 국립공원(Tsavo East National Park)과 서차보 국립공원(Tsavo West National Park)으로 양분된다. 그 광활함과 웅대함으로 말미암아 야성적인 매력을 고스란히 간직하고 있다는 평가를 받는 곳이다. 웅장한 차보의 자연환경은 정글의 법칙이 지배하는 최적의 조건을 생성해내기도 한다. 이는 내륙 개발이나 철도 건설을 위한 인간들의 의지와 노력이 좌절당하기 쉬운 자연환경이란 의미로도 해석될 수 있다. 우간다 철도 건설 당시, 차보는 관통하기 어려운 구간으로 인식되고 있었다. 차보는 물이 흐르는 곳이 있어 일찍부터 내륙을 향해 길을 떠난 사람들이 중간에서 쉬었다가거나 경유해가는 곳이었지만 사람들이 도중에 흔적도 없이 사라지는 등 공포심을 유발하는 곳이었다.

영국에 남겨두고 온 아내 프랜시(Francie)에 대한 한없는 그리움 때문에 패터슨은 고독과 끊임없이 싸워야 했다. 더구나 교량 건설 현장의 흉흉한 분위기 탓에 매순간이 불안감의 연속이었다. 이런 상황에서 교량 건설에 동원된 인도인과 케냐인 노동자들이 밤마다 하나둘 사라지기 시작했다. 패터슨은 처음에는 이들이 사자의 희생제물이 되었다는 소문을 믿지 않았다. 일반적인 상식으로 한밤에 사람을 사냥하는 것은 사자들의 습성이 아니었기 때문이다. 온갖 추측과 불길한 예감들만이 난무하기 시작했다. 어떤 노무자들은 그것이 사자가 아니라 사자의 모습을 하고 출몰하는 악귀라고 믿기도 했다. 1898년 12월에는 공포분위기가 절정에 달해 거의 3주 동안 아무런 대책 없이 철도 건설 작업이 중단되기도 했다.

식인사자의 공격으로 모두 스물여덟 명의 인도인들과 백 명 이상의 케냐인 노동자들이 희생되었다. 그러다 마침내 패터슨은 식인사자들이 한 노무자를 잡아먹는 장면을 직접 목격하게 되었다. 이때부터 식인사자들을 사살하려는 패터슨의 집요한 노력이 시작되었다. 우리와 덫 등 가능한 모든 도구들을 동원하여 사자를 생포하거나 사살하기 위한 치열한 사투를 벌였다. 염소를 미끼로 삼아 사자를 잡기 위한 시도를 하기도 했고 심지어는 노무자들 중 한 명을 내세워 사자 포획을 기도하기도 했다.

식인사자들과의 지난한 사투 그리고 아프리카의 광활한 사바나에서 가족을 떠나 홀로 지내야만 하는 고독을 이겨내고 마침내 임무를 마친 패터슨은 영국으로 귀국했다. 그 후 1907년 패터슨은 차보에서의 체험을 글로 옮겨 책(『차보의 식인사자들 *The Man-Eaters of Tsavo*』)으로 출간했다. 이 책은 출간되자마자 영국은 물론 대서양 건너 미국과 유럽 본토에서도 대단한 반향을 불러일으켰다. 미국의 루스벨트 대통령이 패터슨을 직접 백악관으로 초청하여 그의 동아프리카 경험담을 들었을 정도이다.

스티븐 홉킨스(S. Hopkins)가 패터슨의 이야기를 영화로 제작한 것이 「유령과 어둠 *The Ghost and the Darkness*」이다. 발 킬머(V. Kilmer)가 패터슨 역으로 출연했다. 마이클 더글러스(M. Douglas)가 허풍쟁이 사냥꾼 찰스 레밍턴(C. Remington) 역을 맡았다. 원작의 실제 배경이 케냐의 차보 국립공원이었음에도 불구하고 영화의 현지 촬영은 남아프리카공화국에서 이루어졌다. '유령'과 '어둠'은 철도 건설에 동원된 케냐인 노동자들이 밤마다 출몰하여 공사 현장을 공포의 도가니로 몰아넣은 두 마리의 사자에게 붙여준 이름이었다.

거대한 강철 뱀이 몰고온 변화

우간다 철도의 완성은 동부아프리카 내륙에 획기적인 변화를 몰고왔다. 우선 철도의 기점인 몸바사를 시작으로 보이, 나이로비, 나이바샤, 나쿠루, 키수무 등의 도시들이 생겨나거나 성장한다. 철도 노선을 따라서 새로운 거주지가 형성되기 시작하면서 대부분의 경제활동과 인구이동도 철도 노선을 중심으로 활발히 이루어졌다.

철도가 연결되자 '아프리카의 진주'로 불리던 우간다는 물론 케냐의 내륙 지방에 대한 개발도 본격화되기 시작했다. 철도가 관통하는 지역은 케냐에서도 비교적 온화하고 쾌적한 기후였다. 게다가 농사를 짓는 데 필수인 수자원이 갖춰진 농업의 적지라서 농업 개발의 잠재성을 충분히 인정받았다. 철도가 완성된 이듬해인 1902년에는 케냐 서부의 우아신 기슈 고원(Uasin Gishu Plateau)에 유대인 정착촌을 세우기 위한 타당성 조사가 실시되었을 정도로 우간다와 케냐 내륙 지방에 대한 지대한 관심이 표출되기 시작했다. 물론 유대인 정착촌 건설 계획은 백인 정착민들의 강한 반발에 부딪혀 성사되지는 못했다.

일찍이 차보 국립공원 인근에 살던 부족의 족장은 '거대한 강철 뱀(a great iron snake)'이 자신들이 살고 있는 땅으로 침입하기 위해 해안 지방으로부터 올라올 것이라고 예언했다고 전해온다. 두말할 나위 없이 '거대한 강철 뱀'은 철도를 의미한다. 이 '거대한 강철 뱀'의 출현은 기존 사회조직의 급격한 와해, 새로운 정치, 경제구조의 수립 등 많은 변화를 수반했다.

철도 노선의 완성과 함께 유럽인들의 케냐 이주도 본격화된다. 특히 하이랜즈(Highlands)로 많은 유럽인들이 몰려오기 시작하면서 토지 수탈이 첨예한 문제로 부상했다. 유럽인과 인도인 정착민들에게 토지를 무상으로 양도함에 따라 토지를 빼앗긴 부족들의 불만이 점차적으로 고조되면서 정착민들과 본래 거주하던 부족민들의 갈등도 노정되었다. 당시 초대 총독이었던 찰스 엘리엇 경은 토지의 분배와 소유권의 양도 문제에 있어서 명백한 인종차별을 했으며 백인 정착민들의 이해를 관철하기 위해 가능한 모든 수단을 동원했다.

몸바사와 나이로비의 중간 지역인 타이타 타베타(Taita Taveta) 저지대에서는 사이잘이 재배되고 하이랜즈 지역에는 커피나 차가 상업적으로 재배되기 시작했다. 사이잘은 선박용 로프나 연마제를 만드는 원료로 사용되는데, 해상운송이 활기를 띠면서 중요한 상품으로 주목을 받았다. 우간다도 풍부한 가용 수자원과 비옥한 토지 덕분에 원면 생산의 중핵으로 부상했다. 이곳에서 생산된 원면은 영국으로 수송되어 섬유산업의 발달을 촉진했다. 이처럼 철도의 개통으로 케냐와 우간다는 유럽을 위한 상업작물 재배의 적지로 부상하게 되었다.

백인들의 이주는 계속되었고 1920년 케냐는 영국의 보호령에서 식민지로 편입되었다. 이즈음 정치적으로 각성된 케냐인들이 자신들의 이해를 관철하고 조직적인 운동을 펼쳐나가기 위해 속속 정치단체를 결성하기 시작했다. 동아프리카연합(East African Association)과 키쿠유연합(Kikuyu Association) 등이 대표적이다.

젊은 도시의 매력과 느낌표를 찾아

일천한 역사, 그러나 강렬한 인상

나이로비는 도시 형성의 역사가 비교적 짧다. 그래서 유럽의 도시들처럼 유구한 역사를 자랑하는 고궁이나 종교적 건축물 등 기념비적 인공물은 찾아보기 어렵다. 비교적 오래되었다는 성당이나 교회도 초창기 유럽인 이주자들을 위해 지어진 건물들이기 때문에 기껏해야 20세기 초엽으로 거슬러 올라갈 뿐이다. 이처럼 일천한 역사에도 불구하고 나이로비는 특유의 매력과 강렬한 느낌을 전해주는 생동감 넘치는 도시임에 틀림없다. 보는 사람으로 하여금 위압감을 주는 웅장한 건축물들은 없지만 어울릴 것 같지 않은 요소들이 커다란 불협화음 없이 어우러져 개성 있는 색채를 만들어낸다. 물론 도시화의 급속한 진전에 따라서 헤아릴 수 없이 많은 사회적 문제가 양산되기도 한다. 이로 인해 팽팽한 긴장감도 느껴진다. 그러나 이는 나이로비 특유의 분위기라기보다는 아프리카 대륙의 대도시들이 공통적으로 경험하고 있는 특징이다.

전통과 현대가 공존하고 인공과 자연이 조화를 이루거나 삐걱거리기도 하면서 나이로비는 끊임없이 변모해가고 있다. 건기에는 마사이족이 소를 몰고 도시를 가로지르는 모습도 목격된다. 나이로비 대학의 졸업식에 마사이족 출신 학생들이 전통의상을 입고 졸업식장에 입장하기도 한다. 소의 피처럼 붉은 전통의상을 입고 도심을 유유자적하게 걸어가는 마사이족 앞으로 최신 유행의 양복을 입은 신사가 지나가는 모습도 일상에서 흔히 마주치는 풍경이다. '폴레 폴레(천천히)'라는 말로 대표되는 사람들의 느긋한 행동과 질주하는 거리의 무법자 '마타투(Matatu, 케냐에서 가장 대중적인 교통수단)'가 속도의 불협화음을 일으키기도 한다. 상극의 가치와 문화가 불안하게 공존하면서 현대 케냐 사회가 안고 있는 모순을 끊임없이 양산하는 것을 느낄 수 있다.

계획에서 무계획으로

나이로비 도심은 건물들이 비교적 질서정연하게 들어서 있어 계획된 도시라는 인상을 준다. 케냐타 애버뉴를 중심으로 대부분의 상가와 관공서가 자리잡고 있다. 주거 지역에는 나무들이 우거져 지칠 줄 모르는 초록의 향연을 연출한다. 도시로 형성되기 시작할 무렵, 나이로비는 주로 백인 정착민들을 위해 계획되었기 때문에 비교적 정연하고 주거하기에 쾌적한 환경이었다.

나이로비가 형성되기 시작한 후 반세기가 지난 1948년, 나이로비 인구 구성에서 아프리카인과 비아프리카인의 비율은 54대 46이었다. 식민지였기 때문에 나이로비에 거주하는 아프리카인들은 주로 백인들과 인도계 상인들에게 고용된 임금 노동자들이 대부분이었다. 이러한 인구 구성이 독립 직전인 1962년에는 59대 41로, 독립하고 나서 6년이 지난 1969년에는 83대 17로 급격히 바뀌었다. 이와 같은 변화에서 알 수 있듯 식민지 이전의 나이로비는 주로 백인들과 인도계 이주자들을 위한 도시로서 기능했다.

식민지 시대에 나이로비는 아프리카 대륙의 그 어떤 도시보다도 기능적이고 도시 미관이 뛰어난 곳으로 평가되었다. 그러나 독립 후 이농현상과 도시화가 급속히 진행되면서 도시 외곽을 중심으로 무계획적 팽창을 거듭해왔다. 이로 인해 나이로비는 예전의 정연한 모습을 잃고 점차 아프리카의 다른 도시들과 닮은꼴을 이루어가고 있는 실정이다.

적도의 태양 아래 시선이 멈추는 곳을 따라서

케냐를 여행하는 대부분의 여행객들은 대개 나이로비를 둘러보지도 않은 채 전국에 산재한 국립공원, 야생동물 보호구역, 인도양의 해변 휴양도시 몸바사와 말린디 등지로 향한다. 나이로비는 단지 케냐 도착과 출발을 위해 잠시 들르는 기점 도시로서의 의미만 있을 뿐이다. 그러나 나이로비에 머물면서 역동적인 도시의 맥박을 느끼는 것도 현대 케냐 사회를 이해하는 데 있어 아주 유익한 경험이 될 것이다.

키판데 하우스와 자미아 모스크

1947년에 가서야 신분증 제도로 바뀌었지만 '키판데 제도(Kipande System)'는 식민 통치가 맹위를 떨치던 시절에 식민지 민중들의 통행의 자유를 제한했던 억압적 제도였다. 식민지 시절, 키판데 하우스(Kipande House)는 케냐인들의 도심 통과를 억제하기 위한 목적으로 설치되어 통행을 감시하고 제한하는 기능을 수행했다. 지금은 케냐상업은행 지점 건물로 사용되고 있다.

나이로비의 푸른 하늘 아래 우뚝 솟은 두 개의 높은 첨탑(minarets)과 세 개의 은빛 돔(cupolas)이 무척 인상적인 회교성원(回教聖院) 자미아 모스크(Jamia Mosque)는 1925~1933년에 완공되었다. 주로 수니파 회교도들을 위한 모스크로서 시내 중심인 무인디 음빙구 거리(Muindi Mbingu Street) 부근에 있다. 종교적으로도 케냐는 다양한 종교와 종파들이 마치 모자이크처럼 공존하고 있다. 몸바사, 말린디, 라무 등 인도양에 면한 해안 지방에는 주로 회교도들이 밀집해서 거주한다. 내륙 지방으로 올라갈수록 기독교나 토착신앙을 신봉하는 사람들의 비율이 높아진다.

케냐 국립문서보관소

식민지 시대의 주요한 통치자료나 역사적 가치가 있는 문서들을 입수하려면 케냐 국립문서보관소(Kenya National Archives)를 찾아가야 한다. 켄컴 하우스와 힐튼호텔 맞은편 모이 애버뉴에 위치한 국립문서보관소에는 사료로서 가치가 높은 문서들이 보관되어 있다. 유감스럽게도 식민지 시대의 민감한 사안과 정보를 담고 있는 문서들은 독립 직전에 의도적으로 폐기되거나 영국으로 옮겨졌다. 국립문서보관소는 케냐에 관한 문서 중 영국으로 이전된 중요한 문서들을 반환받아 마이크로필름이나 제록스 카피로 만들어 보관하고 있다. 케냐에 반환된 자료들 중에서 가장 주목을 끄는 것은 식민 통치에 맞서 케냐인들이 불굴의 투쟁을 펼친 마우마우전쟁 당시의 자료들이다. 케냐 국립문서보관소에는 백만 종 이상의 자료가 소장되어 있고 관심 있는 학자들과 일반인들에게 열람을 허용하고 있다. 정부의 공식문서 이외에도 관심을 끌 만한 소장품으로 무룸비 컬렉션(Murumbi Collection)이 있다. 다양한 음반, 책, 미술품 등으로 구성되어 있다.

조모 케냐타 묘소

국회의사당 건물 옆의 정원에는 원형 테두리를 두른 묘소가 있다. 묘소 앞에는 창과 방패가 들어간 케냐 국기가 항상 나부낀다. 이곳이 바로 케냐 초대 대통령을 지낸 조모 케냐타(J. Kenyatta)가 영면하고 있는 조모 케냐타 묘소(Jomo Kenyatta's Mausoleum)이다. 조모 케냐타는 '음제(Mzee, 본래는 노인이란 의미의 스와힐리어인데 존경을 표시하기 위한 호칭으로 널리 사용된다)'라는 존칭으로 불리며 국부(國父)로 추앙받고 있다. 식민 통치의 질곡으로부터 벗어나는 데 주도적 역할을 했기 때문에 '케냐의 등불(Taa ya Kenya)'로 일컬어지기도 한다.

빛이 있으면 어둠이 있다고 했던가. 1963년 케냐가 독립하면서 초대 대통령을 지내다가 1978년 8월 22일 항구도시 몸사바에서 숨을 거두기까지, 조모 케냐타는 강력한 카리스마로 무소불위의 권력을 행사했다. 자신의 부족인 키쿠유족 중심으로 권력의 핵심을 구성하고 반대자들에 대한 가차 없는 탄압을 가해 가혹한 독재자란 평가를 받기도 했다.

케냐타 국제회의장과 우후루 파크

케냐타 국제회의장은 건축 당시 케냐의 경제 규모로 볼 때 엄청난 비용인 8천만 케냐실링이 투입된 대규모 사업이었다. 1973년 9월 10일 마침내 28층의 원형 건축물인 케냐타 국제회의장(Kenyatta International Conference Centre)이 완공됨으로써 나이로비의 스카이라인이 달라지게 되었다. 나이로비가 명실 공히 동아프리카의 중심도시, 국제도시로서의 이미지를 강화하는 계기도 되었다. 그러나 공교롭게도 케냐타 국제회의장은 바로 옆에 위치한 케냐타 대통령의 동상과 최고법원을 왜소하게 만들어버렸다.

우후루 파크는 우후루 하이웨이(Uhuru Highway)를 사이에 두고 국회의사당과 마주보고 있다. 아프리카가 식민역사의 오랜 질곡으로부터 벗어나 새로운 사회를 건설하려는 강한 의지와 희망을 압축적으로 상징하는 말이 바로 '우후루(uhuru)'이다. 우후루는 스와힐리어로 식민역사의 질곡으로부터의 '독립'뿐만 아니라 어떠한 상태의 강제적 억압도 없는 '자유'를 의미한다. 한때 우후루 파크는 마다라카데이(스와힐리어로 '책임' '의무'를 의미하는데, 영국으로부터 자치를 승인받은 것을 기념하는 날이다), 잠후리데이(1963년 영국으로부터 완전 독립해서 공화국으로 선포된 것을 기념하는 날이다), 케냐타(케냐의 초대 대통령)데이, 모이(케냐의 2대 대통령)데이와 같은 각종 공식행사의 장으로 활용되었다. 또 나이로비 시민들을 위한 휴식처로 각광받기도 했다. 그러나 지금은 점증하는 치안 불안으로 인해 이곳을 찾는 사람들의 발길이 줄어들었다. 우후루 파크 위쪽으로는 정부 주요 기관의 건물들이 들어서 있다. 이곳에 서면 나이로비 시가 한눈에 내려다보인다.

카렌 블릭센 기념관

시드니 폴락(S. Pollack)이 제작한 영화 「아웃 오브 아프리카 *Out of Africa*」에는 메릴 스트립(M. Streep)과 로버트 레드포드(R. Redford)가 각각 카렌 블릭센(K. Blixen)과 데니스 핀치 해튼

카렌 블릭센이 살던 집을 덴마크 정부에서 구입하여
독립 기념으로 케냐 정부에 기증한 카렌 블릭센 기념관.

(D.F. Hatton) 역을 맡아 열연한다. 1985년 오스카상을 수상했던 이 영화는 덴마크 출신의 작가 카렌 블릭센이 쓴 동명의 소설을 영화화한 것이다. 소설이나 문학작품을 영화화할 경우 원작의 수준에 훨씬 미달하는 경우가 흔하다. 본래의 주제에서 벗어난 영화도 드물지 않다. 그러나 이러한 영화들과는 달리 영화 「아웃 오브 아프리카」는 사바나의 광활한 배경, 시대적 상황에 충실한 구성, 서정적인 분위기, 섬세한 감정묘사로 원작에 버금가는 수작(秀作)이라는 평가를 받았다. 메릴 스트립은 카렌 블릭센 역을 완벽히 소화하기 위해 덴마크어 억양이 가미된 영어를 구사하려고 부단히 노력했다. 로버트 레드포드도 영국식 영어의 억양과 말투를 익히려고 애썼다. 특히 메릴 스트립은 케냐에 101일을 머물렀는데, 그 가운데 무려 99일을 카메라 앞에 설 정도로 치열한 직업의식과 열정적 자

세를 가지고 촬영에 임했다.

나이로비 도심을 벗어나 외곽으로 20㎞ 정도 달리면 카렌 지역이 나타난다. 바로 이곳에 카렌이 살던 집을 기념관으로 개조한 카렌 블릭센 기념관이 있다. 케냐박물관협회(National Museums of Kenya)의 관리 하에 있는 카렌 블릭센 기념관은 1920년대 초창기 백인 정착민들의 삶의 흔적을 엿볼 수 있다. 널따란 뜰에는 당시 사용했던 트랙터와 철제 농기구가 있다. 입구에서 왼쪽으로 난 호젓한 길을 따라 조금 들어가면 커피 농장에서 사용했던 각종 커피 원두 가공 기계류와 농기구들이 노천에 방치되어 있다. 기념관 안에 들어서면 「아웃 오브 아프리카」의 각국 언어판이 비치되어 있다. 당시에 사용하던 가재도구들도 잘 정리되어 있다. 카렌 블릭센이 사용했던 것들도 있지만 대부분은 영화 촬영시 사용된 소품들을 진열해놓은 것이다. 회화에도 출중한 실력을 지녔던 것으로 알려진 카렌 블릭센이 그린 그림들의 복사본도 전시되어 있어 관심을 끈다. 건물 옆의 작은 공간에는 그녀가 살던 당시에 사용하던 주방기구들이 전시되어 있다. 기념관 뒤쪽의 널따란 뜰에 서면 응공 언덕(Ngong Hills)이 눈에 들어온다. 뜰에 서서 응공 언덕을 바라보면 카렌 블릭센의 아프리카 회상이 들려오는 듯하다. "나는 아프리카에 농장을 가지고 있었습니다. 응공 언덕 기슭에."

식민지 사회의 분위기에 대한 애틋한 향수를 가지고 있는 사람들과 왜곡된 신화 속에 매몰된 일군의 사람들에게 카렌 블릭센의 '사랑의 서사시'는 상상의 제국에 존재하는 신기루로 다가온다. 그러나 분명한 것은 카렌 블릭센의 작품들은 식민지 담론의 연장선상에 있다는 것이다. 이러한 문학작품에는 식민지 민중들의 이미지와 위상이 식민주의자들의 문화적 혹은 정치적 세계관과 관점의 틀 안에서 형상화된다. 물론 시대적 상황과 물적 토대가 그녀의 의식을 규정하고 형성했음을 부정할 수는 없지만 현재의 탈식민 상황에서는 극복해야 할 편견과 왜곡임에 틀림없다.

나이로비 대학교

케냐의 국립대학 중에서 가장 오랜 역사를 가진 나이로비 대학은 케냐 지성의 요람이다. 케냐에서 가장 오랜 역사를 자랑하고 있다고 하지만 대학이 설립된 지는 50년이 채 지나지 않았다. 영국의 식민 통치 당시 식민지 행정에 필요한 기술인력을 양성하기 위한 목적으로 세워졌다. 처음에는 '동아프리카 왕립기술대학(Royal Technical College of East Africa)'으로 출범했다. 1952년 4월부터 대학을 건립하기 위한 공사에 착수하여 4년 후인 1956년 4월부터 신입생을 선발하기 시작했다. 동아프리카에서 고등교육의 필요성이 점차 대두되면서 1961년 5월 동아프리카 왕립기술대학은 '로열 칼리지 나이로비(Royal College Nairobi)'로, 다시 3년 후인 1964년에는 '나이로비 단과대학(University College of Nairobi)'으로 명칭이 바뀐다. 당시에는 학위를 수여할 수 있는 권한이 없는 단과대학이었기 때문

나이로비 대학교 메인 캠퍼스.

에 졸업생들은 런던 대학의 학위를 받았다.

1963년 6월 케냐의 나이로비, 우간다의 마케레레, 탄자니아의 다르에스살람 단과대학들이 통합된 동아프리카 대학(University of East Africa)이 출범하였다. 그러나 동아프리카 3국이 독립 후 각국의 독자적인 국립대학을 설치할 필요를 절감함에 따라서 1970년 7월 1일부터 동아프리카 대학은 분리되었다. 이로써 케냐에는 나이로비 대학, 우간다에는 마케레레 대학, 탄자니아에는 다르에스살람 대학이 각각 출범하면서 독자적인 대학으로 성장하기 시작했다. 다양한 학문 분야에 걸쳐 새로운 인재를 배출하기 위해 전문 분야의 학과들이나 연구소가 속속 자리잡기 시작하면서 대학은 질적으로나 양적으로 괄목할 만한 성장을 했다.

메인 캠퍼스는 시내 중심에 있어서 찾기가 쉽다. '지식의 샘'이라고 명명된 특이한 형태의 조형물과 간디 기념 도서관(Gandhi Memorial Library) 건물이 인상적이다. 케냐에 정착한 인도인들은 마하트마 간디를 기념하기 위해 대학 설립을 추진했다. 그러나 인도인 공동체의 대학 설립 계획이 동아프리카 왕립기술대학과 통합적으로 추진됨에 따라서 독자적으로 대학을 설립하겠다는 계획은 무산된다. 인도인 공동체의 독자적 대학 설립 계획이 무산되면서 나이로비 대학에 수증된 것이 간디 기념 도서관이다.

노퍽호텔

케냐 국립극장(National Theater)과 나이로비 대학 메인 캠퍼스의 맞은편에 위치한 노퍽호텔(Norfolk Hotel)은 1904년에 문을 열었다. 나이로비의 성장과 맥을 함께 한 유서 깊은 호텔이다. 나이로비가 도시로서의 외양을 조금씩 갖추어가기 시작하던 초창기에 지어진 호텔로 사냥이나 사파리를 위해 케냐를 방문한 명사들이 즐겨 찾은 곳이다. 노퍽호텔 뒤편으로는 키자베 거리가 나타난다. 조금 더 나아가면 나이로비 강이 흐른다. 호텔이 처음 들어섰을 때는 부근에 습지가 있어 밤이면 개구리들이 울어댔다. 호텔 앞쪽으로는 인력거와 자동차가 나란히 달리곤 했었다.

노퍽호텔은 식민지 시대에 백인 정착민들의 사교를 위한 만남의 장으로 활용되었다. 케냐에서 현지 로케한 영화에 출연한 유명한 영화배우들이 묵었던 곳이기도 하다. 오래된 차들을 전시하는 ‘콩쿠르 델레강스(Concours d'élégance)’에 당당히 나설 만한 차들이 식민지 시대에 사용하던 농기계와 함께 호텔 내부의 뜰에 전시되어 있다.

보마스 오브 케냐

랑아타 로드(Lang'ata Road)를 벗어나 포리스트 에지 로드(Forest Edge Road)에 자리잡고 있는 보마스 오브 케냐(Bomas of Kenya)는 민속촌과 전통문화 공연장을 결합한 곳이다. 키쿠유, 루오, 캄바, 루햐, 마사이족 등 케냐의 제 부족 전통춤 공연을 상시 관람할 수 있다.

케냐의 전통사회에서 춤과 음악은 소창(消暢)과 오락의 기능뿐만 아니라 주요한 사회적 기능을 수행했다. 사냥에 나가기 전에 일치감을 고양하기 위한 의식이나 할례의식 등 고유

소똥과 진흙을 섞어 지은 마사이족의 전통가옥.

한 의식에서 춤은 불가결한 요소이다. 음악에 맞춰 춤을 추는데 대부분 북을 사용한다. 부족마다 생활환경이 다르다보니 악기도 제각기 특색이 있다. 도마뱀 가죽으로 만드는 수바족의 기다란 북, 나무 밑둥치 속을 파내 만든 메루족의 북, 상아로 만든 해안 지방 바준족의 뿔피리 시와(siwa), 하프와 유사한 루오족의 냐티티(nyatiti) 등 악기도 다양하다.

보마스 오브 케냐에서는 케냐인들의 주거생활도 살펴볼 수 있다. 소똥과 진흙을 섞어 만든 마사이족의 마냐타(manyatta), 야자수 잎으로 지붕을 인 해안 지방의 주택, 잘 엮은 나뭇가지에 흙을 발라 지은 키쿠유나 캄바족의 가옥 등에 들어가서 주거생활을 개관할 수 있다.

나이로비 국립박물관

시내가 한눈에 내려다보이는 인터내셔널 카지노 맞은편에 위치한 나이로비 국립박물관(Nairobi National Museum)은 특화된 박물관이라기보다는 다양한 역사적 자료를 전시해놓은 교육의 공간으로 유용하게 활용된다. 각 부족민들의 생활사를 쉽게 이해할 수 있도록 진열해놓은 민족지학적 자료들이 특징이다. 독립을 위한 투쟁과 독립 이후의 발전상도 시각적으로 일목요연하게 파악할 수 있도록 전시되어 있다. 해안 지방에 거주하는 스와힐리인들의 주거양식이나 생활도구들도 전시되어 있어 스와힐리문화에 대한 개략적 이해에도 도움이 된다.

동아프리카는 흔히 '인류의 요람'이라고 알려져 있다. 이러한 특성에 걸맞게 나이로비 국립박물관에는 원시인류의 모형, 각종 고고학 유물과 자료가 전시되어 있어 관심을 가진 사람들의 발길이 끊이지 않는다. 이와 함께 나이로비 국립박물관에는 야생동물들과 형형색색의 조류가 박제상태로 진열되어 있어 자연사박물관 역할도 한다. 국립박물관 맞은편에 있는 뱀 공원(Snake Park)에는 뱀, 악어, 거북 등 파충류를 수용해놓았다.

갤러리 와타투

아프리카의 현대 미술, 특히 회화에 관심이 있다면 갤러리 와타투(Gallery Watatu)는 필수 코스다. 케냐타 애버뉴 부근 스탠다드 스트리트에 위치한 론로 하우스(Lohrho House) 1층에 자리잡고 있어 찾아가기도 쉽다. 아프리카의 전통적 양식은 물론 실험정신이 강한 작품들도 전시되며 구입도 가능하다. 회화 이외에도 다양한 유형의 조각, 바틱, 사진 등의 예술작품들이 상설 전시되기 때문에 아프리카 현대 미술의 흐름과 경향을 파악하고자 하는 사람들에겐 필수 코스이다.

갤러리 와타투는 케냐는 물론 탄자니아, 우간다 등 동부아프리카의 예술가들이 자신들의 예술적 역량을 객관적으로 평가받는 열린 장으로 기능하기도 한다. 이와 함께 유럽이나 아프리카의 역량 있는 작가들의 초대 작품전도 기획하는 등 문화교류와 협력에서도 상당히 중요한 역할을 한다.

빌리지 마킷

시내에서 조금 벗어나 나무로 우거진 길을 따라가다보면 빌리지 마킷이 나타난다. 케냐에 거주하는 외국인, 인도인, 케냐인 상류계층이 즐겨 찾는 쇼핑몰(up-market shopping mall)인데 다양한 상점과 식당들이 밀집해 있다. 이곳에서는 매주 금요일마다 주차공간을 이용하여 장이 열린다. 캄바족이 조각한 동물들의 목각, 탄자니아 마콘데족의 조각품, 키시족의 소프스톤(soapstone) 조각품, 바틱, 사이잘삼으로 짠 가방, 마사이족의 울긋불긋한 공예품, 호박(amber)이나 은으로 세공한 에티오피아의 장신구, 공작석(孔雀石, malachite)이나 호안석(虎眼石, tiger's-eye) 등 이른바 준보석(semi-precious stones)으로 만든 액세서리, 크고 작은 북, 섬세한 그림이 그려진 타조 알 등 다양한 토속공예품이 진열된다. 그야말로 '문화의 만화경(cultural kaleidoscope)'이라는 표현이 들어맞는다. 시장에 선을 보이는 공예품의 종류와 다양성의 측면에서 본다면 이곳은 단연 매력적인 곳이다. 가격이 정해져 있지 않기 때문에 여기저기서 흥정을 하는 모습이 흔히 눈에 뜨인다. 물건값을 흥정하는 과정에서 나이로비 사람들의 심리적 특성을 이해하는 것도 소중한 경험이다.

우타마두니

우타마두니(Utamaduni)는 한적한 랑아타(Lang'ata) 지역에 위치한 복합 문화공간으로, 외국인 관광객들이 즐겨 찾는 장소이다. '우타마두니'는 스와힐리어로 '문화'를 의미한다. 이름에서 짐작할 수 있듯이 이곳은 전통춤 공연과 토속공예품 판매를 위한 장소이다. 흑단, 마호가니, 자단(紫檀, rosewood) 등으로 조각한 각종 목각공예품, 사이잘삼으로 만든 가방과 생활공예품, 아프리카의 독특한 디자인과 스타일이 특징적인 형형색색의 면직물과 모직물, 아라비아 혹은 아프리카풍의 가구를 판매한다. 강렬한 붉은색이 무척 인상적인 마사이족의 의상과 생활도구들도 관심을 끈다. 주로 관광객을 대상으로 하기 때문에 가격이 매우 높다. 그럼에도 사람들이 꾸준히 찾아오는 까닭은 노상이나 시장에서 파는 물건보다 세련되고 잘 다듬어져 있기 때문이다.

동아프리카에서 목각공예품의 대부분은 케냐의 캄바족과 탄자니아의 마콘데족이 생산한다. 캄바족은 케냐의 마차코스와 키투이를 중심으로 동쪽 지역에 거주하는 반투계의 주요 종족이다. 주로 동물을 조각한다. 캄바족 부족민들(Akamba)이 거주하는 모든 지역을 통틀어 우캄바니(Ukambani)라고 한다. 우캄바니의 마차코스 지방에는 와무뉴(Wamunyu)라는 지명의 작은 마을이 있다. 와무뉴에서는 목각공예품을 제작하는 장인들이 협동조합을 조직하여 제작된 목각공예품을 공동으로 판매한다. 항구도시 몸바사에서도 목각공예품을 집단적으로 생산하여 관광객들에게 판매한다. 탄자니아에서는 마콘데 조각이 널리 알려져 있다. 야생동물을 조각으로 형상화하는 캄바족의 목각공예와는 달리 마콘데 조각에는 사람들이 주로 등장한다. 전

협동조합 형태로 운영되고 있는 와무뉴(Wamunyu)에서
목각 조각에 몰두하고 있는 캄바인.

통 사회의 중요한 가치인 가족애를 형상화한 '우자마(ujamaa)'는 사람들이 서로 뒤엉켜 있는 모습인데, 사회 구성원들 간의 연대와 상생(相生)의 세계관을 나타낸다.

동물고아원과 기린 센터

나이로비 국립공원 정문 입구에는 동물고아원(Animal Orphanage)이 있다. 밀렵이나 계속되는 가뭄으로 인해 홀로된 야생동물들을 보호하는 곳이다. 부상당했거나 질병에 걸린 동물들을 치료하여 다시 야생의 세계로 돌려보내기도 한다. 동물고아원은 케냐야생동물협회(Kenya Wildlife Society)와의 긴밀한 협조 하에 운영되며, 독지가들이나 야생동물 보호에 각별한 관심을 쏟는 사람들이 자발적으로 기부하는 후원금으로 유지

된다. 나이로비 시내에서 쉽게 접근할 수 있는 거리에 있어서 휴일에 많은 나이로비 시민들이 이곳을 찾는다.

나이로비 외곽의 랑아타 구역에 소재한 기린 센터(Giraffe Centre)는 야생 상태의 기린을 가장 가까이에서 바라볼 수 있는 곳이다. 기린의 키에 맞춰 지은 높은 건물에 올라서서 기린에게 먹이를 주는 짜릿한 경험을 할 수 있다. 차나 커피를 마시며 기린을 바라보는 것도 잊을 수 없는 추억이 된다. 기린뿐만 아니라 뜰에 몰려드는 멧돼지들에게도 먹이를 줄 수 있다. 기린 센터는 기린이나 야생동물의 생태에 관한 영상 교육자료를 구비해놓고 있어서 어린이들을 위한 교육의 장으로 활용된다. 이 밖에 동물 보호에 관한 주제로 어린이들이 그린 그림을 전시하기도 한다.

식도락의 천국

인간의 오감 중 시각, 후각, 미각의 세 가지 감각을 다양한 방식으로 사로잡으며 사람들을 열락(悅樂)의 세계로 인도하는 것이 바로 음식이다. 음식은 인간의 다양한 행위 중에서 그 어느 것보다 가장 강렬한 방식으로 감각을 변화시키는 창조적이고 이타적인 행위라고 규정해도 무리가 아니다. 진정한 의미에서, 음식문화에는 유장(悠長)함이 있고 삶의 향기가 스며 있다. 따라서 음식문화에 대한 이해는 특정 공동체의 문화를 총체적으로 이해하는 데 있어 필수불가결한 조건이다. 여행을 통하여 향유할 수 있는 특권이자 기쁨이 바로 여행지의 고유한 음식을 맛보는 것이다. 이는 단지 활동을 지속하기 위한 에너지 충전일 뿐만 아니라 생생한 문화체험 행위이기도 하다.

나이로비에는 프랑스, 이탈리아, 그리스, 인도, 중국, 일본, 한국, 태국 등 다양한 나라의 음식을 맛볼 수 있는 전문 음식점들이 즐비하다. 이것이 바로 나이로비의 국제적인 성격을 뚜렷하게 보여주는 모습이기도 하다. 하지만 뭐니뭐니해도 케냐를 여행할 때는 동부아프리카의 전통음식을 맛보는 것이야말로 식도락 여행의 핵심이 될 것이다. 케냐의 각 부족들은 저마다 고유한 음식문화를 발전시켜왔다. 살아가는 환경과 생업이 다르다보니 주식으로 하는 음식도 조금씩 다르다. 예컨대 해안 지방에서 살아가는 사람들은 주로 생선과 쌀을 음식의 재료로 사용한다. 반면 내륙에 사는 사람들은 쇠고기나 염소고기 같은 육류와 옥수수 가루나 감자로 만드는 음식을 선호하는 경향이 있다. 한편, 전통적으로 케냐인들이 즐겨 먹던 음식 이외에도 인도나 아라비아로부터 소개된 음식들도 대중적으로 사랑받는 음식으로 정착했다. 이러한 음식의 대표적인 예로는 차파티와 삼부사를 들 수 있다.

차파티(chapati) : 밀가루를 얇게 반죽하여 철판에 구운 것이다. 우리나라의 빈대떡, 프랑스의 크레프(crêpe) 혹은 팬케이크(pancake)와 비슷한 형태이지만 빈대떡이나 팬케이크에 비해 딱딱하다. 카랑가와 함께 먹으면 훌륭한 식사가 된다.

우갈리(ugali) : 시마(sima)라는 이름으로 불리기도 한다. 주로 옥수수 가루를 이용해서 만드는 음식인데 형태는 백설기와 흡사하다. 종종 카사바나 수수 가루를 이용하여 만들기도 한다. 옥수수 가루를 뜨거운 물에 찐 다음 먹기에 적당한 상태가 될 때까지 계속 쪄서 수분을 없앤다. 맨손으로 주물럭거려 둥글게 만든 뒤에 수쿠마위키 혹은 카랑가와 함께 먹으면 일미다.

수쿠마위키(sukumawiki) : 케일(kale)을 잘게 썰어 고기와 함께 볶은 요리로 우갈리와 최상의 조화를 이룬다. 고기와 케일이 함께 어우러져 씹히는 맛이 느끼함을 덜어준다. 건강에 좋은 것으로 알려진 케일과 담백한 고기가 조화를 이루어 풍미가 좋다.

냐마 초마(nyama choma) : 쇠고기 혹은 염소고기를 숯불에 구운 요리이다. 비교적 단순한 요리이지만 맛이 일품이어서 단골로 등장한다. 고기를 숯불에 잘 구운 다음 소금을 찍어 먹는다. 고기의 느끼함을 없애기 위해 카춤바리(kachumbari)와 함께 먹는다. 카춤바리는 양파, 토마토, 오이, 고추 등을 함께 버무린 다음 식초와 소금을 조금 첨가해 만든 일종의 샐러드인데 그 맛이 일품이다. 고기와 카춤바리가 적당한 지점에서 균형을 잡는다. 특히 신선한 양파와 토마토의 강한 향기가 미각을 자극한다.

음쉬카키(mshikaki) : 쇠고기나 닭고기를 꼬치에 꿰어 숯불에 굽는 일종의 꼬치구이이다. 간단한 요리법 덕분에 노상에서도 간편하게 먹을 수 있는 음식이다.

카랑가(karanga) : 스와힐리어로 카랑가는 '땅콩'을 의미한다.

그러나 케냐에서 맛볼 수 있는 음식인 카랑가는 땅콩과 아무 관련이 없다. 감자와 고기를 함께 넣고 만드는 음식이기 때문이다. 서양 요리의 스튜(stew) 혹은 헝가리의 굴라쉬(goulash)와 만드는 방식이나 맛이 흡사하다.

이리오(irio) : 이리오는 주로 키쿠유 부족민들이 선호하는 음식이다. 삶은 감자를 으깬 뒤 녹색 채소를 넣어 색깔을 낸다. 이따금 옥수수 낟알이나 콩을 넣어 씹는 맛을 느끼게 하기도 한다.

마툼보(matumbo) : 쇠고기나 염소고기의 내장 속에 고기 덩어리를 잘게 저며서 채운 다음 숯불에 구운 후 썰어 먹는데 독특한 맛이 있다. 주로 냐마 초마를 전문적으로 하는 음식점에서 흔히 볼 수 있다.

삼부사(sambusa) : 인도에서 도입된 음식으로 사모사(samosa)라고 부르기도 한다. 잘게 저민 고기, 양파, 고추 등으로 소를 만들어 넣은 다음 기름에 튀긴 음식이다. 채식주의자들을 위한 야채 삼부사도 있다. 여행을 하면서 도중에 출출할 때 간식으로 먹기에 적당한 음식이다.

종족과 인종의 모자이크

이름과의 불화

농촌 사회가 비교적 동질적 사회라면 도시 사회는 이질적 사회라고 규정할 수 있다. 도시에서의 사회적 관계는 일반적으로 2차적 인간관계로 맺어지고 익명성을 그 특징으로 한다. 케냐의 경우 식민지 시대 이전의 시기에는 비교적 동질적인 사회집단을 형성하고 있었으나 식민지 시대의 도래와 도시 형성 과정에서 점차 이질적인 사회집단을 이루게 된다.

어떤 사회의 인간집단을 칭할 때 우리는 다양한 이름을 사용한다. 각각의 이름에는 그 이름과 결부된 사회적 함의, 편견, 선입관이 존재하기 마련이다. 따라서 어떤 이름을 사용하느냐는 대개 이데올로기적 성격을 띠게 된다. 아프리카에 대한 논의에 있어서도 그러하다. 특정 지역에 모여서 살아가며 공통의 언어를 사용하고 동일한 집단 정체성을 가진 집단을 가리켜 보통 '부족(tribe)'이라는 명칭을 사용하곤 한다. 그러나 '부족'이라는 명칭은 대개 원시적이고 미분화된 집단을 지칭할 때 사용하는 다소 부정적인 뉘앙스가 풍기는 용어이다. 이러한 까닭에 '종족집단(ethnic group)'이라는 가치 중립적 용어를 쓰기도 한다. 이 밖에 『아프리카의 종교와 철학 *African Religions and Philosophy*』이라는 책을 저술한 존 음비티(J.S. Mbiti)는 '사람들(people)'이라는 일반적이고 포괄적인 용어를 선호하기도 했다.

이 같은 용어의 혼재와 용어 선택에 있어서의 이데올로기적 성격 때문에 객관적이고 가치 중립적인 용어를 적절하게 선택하는 데는 어려움이 따른다. 그러나 이 책에서는 혼동을 피하기 위하여 일반적으로 널리 통용되고 있는 '부족'이라는 용어를 그대로 사용함을 밝힌다. 부족이 의미하는 통념적인 구분에 따르면 케냐에는 40여 개 이상의 부족이 공존하고 있다. 언어가 종족집단을 나누는 결정적 기준으로 작용하다보니 케냐 내에서 통용되는 개별 언어의 수와 부족 수는 거의 일치한다. 즉, 케냐는 40여 개 부족이 각각의 고유한 언어를 사용하며 살아가고 있는 바벨탑이다.

문화적 다양성과 위기

케냐에서는 인구조사가 왕왕 정치적 문제로 대두된다. 공식적으로 발표되는 부족민들의 수가 정치적 역학관계와 직결되기 때문이다. 키쿠유, 루햐, 루오, 캄바, 칼렌진 등 종족 구성원들의 수가 백만 명이 넘는 부족도 있고 은도로보, 사쿠예, 고샤, 엘몰로족 등 수백 명에서 수천 명에 불과한 종족집단도 있다. 이들 종족집단들은 전통적으로 특정 지역에서 자신들만의 독특한 문화와 정체성을 유지하며 살아왔다. 따라서 케냐는 문화적 다양성을 보여주는 갤러리라고 보아도 과장은 아니다.

최대 종족인 반투계의 키쿠유족은 수도 나이로비에서 가까운 녜리, 키암부, 무랑아, 씨카, 리무루 등의 지역에, 루햐족은 부시아, 카카메가, 붕고마 등지에, 캄바족은 마차코스와 키투이를 중심으로 한 이스턴 지방에 거주한다. 나일로틱계의 루오족은 키수무를 중심으로 한 냔자 지방에, 칼렌진족은 엘도레트를 중심으로 한 리프트 밸리 지방에 주로 거주한다. 에티오피아와 접경하고 있는 케냐 북부에는 가브라족이, 케냐와 탄자니아의 국경지대를 따라서는 마사이족이, 소말리아와의 접경 지역에는 소말리인들이, 타나 강 유역에는 갈라족이, 라무 섬 인근에는 바준족이 각각의 고유한 언어와 전통을 유지하면서 살아간다.

마사이족은 케냐와 탄자니아의 국경지대에 걸쳐 살아간다. 식민열강들이 그들의 이해관계에 따라 자의적으로 구획해놓은 국경선 때문에, 같은 부족임에도 불구하고 각기 다른 나라로 편입되어 심각한 정체성과 문화적 위기를 경험하고 있는 대표적인 예이다. 동일한 언어를 사용하고 문화적 전통을 지켜온 부족임에도 불구하고 살고 있는 나라의 정책과 제도가 달라 새로운 정체성과 문화를 형성해나가고 있다.

전통과 가치관의 재해석 : 오키엑족과 마사이족의 경우

종족집단의 전통과 가치관이 현대적 규범과 사회체제로 개편되면서 많은 갈등과 분쟁을 일으키기도 한다. 오키엑족과 마사이족은 같은 나이로틱계의 종족이다. 마사이 부족민들은 오키엑 부족민들을 가리켜 '일 토로보(il torobo)'라는 이름으로 부른다. 그래서 오키엑족은 흔히 '와은도로보(Wandorobo)'라는 이름으로 많이 알려지게 되었다. '일 토로보'는 마사이어로 '가난한 사람'을 의미한다. 마사이 부족민들의 눈에 비친 오키엑 부족민들은 소도 없는데다 야생동물들이나 사냥해서 먹고 살아야 하는 처량한 신세의 가난뱅이들이었던 것이다. 전통적으로 수렵과 채집 위주의 경제생활을 영위하던 오키엑 종족민들은 오늘날에는 목축을 하거나 정착농경을 하며 살아간다. 특정 지역에 집단을 이루고 살아가는 다른 종족들과는 달리 오키엑 종족민들은 매우 광범위한 지역에 산포되어 살아가고 있다.

마사이족 구전설화에 따르면 어느 오키엑 부족민이 소를 잘 보살피는 대신에 소를 죽임으로써 신(神, Engai)을 격노하게 했다. 격노한 신은 오키엑 부족민들에게 다시는 소를 내려주지 않음으로써 야생동물을 사냥해서 먹고살아가야 하는 형벌을 내렸다. 이러한 구전설화에 따라서 마사이족들은 오키엑 종족민들로부터 소를 빼앗는 행위를 정당화하기도 했었다. 그러나 오늘날 다른 부족으로부터 가축을 약탈하는 행위는 처벌받아 마땅한 위법사항이다. 종족의 구전설화에 따라 정당한 행위로 인식되던 관습이나 행위가 현대 사회로 오면서 그 정당성을 도전받고 있는 것이다. 마사이족과 오키엑족의 사례에서 보듯 전통적 가치관이나 행위규범은 현대 사회의 규범과 가치와 상충하거나 갈등을 일으킨다.

이주와 공동체 형성

나이로비는 모든 인종과 종족집단이 모자이크를 형성하며 살아가고 있는 '도가니(melting pot)'이다. 케냐의 주요 종족집단은 말할 것도 없고 인도계, 유럽계, 아랍계 등 일찍부터 케냐에 정착한 다른 인종집단들도 나이로비에서 살아가고 있다.

비(非)케냐계 외국인 공동체 중 케냐 사회에서 특히 미묘한 위치를 점하고 있는 공동체가 바로 인도와 파키스탄계 케냐인들이다. 이들을 포괄적으로 아시아인들(Asians)이라고 부른다. 케냐의 전체 인구 구성상 이들이 차지하는 비율은 미미하지만 케냐 경제에서 차지하는 역할과 비중은 무시할 수 없다. 케냐 유력 기업의 최고경영자나 소유자들의 상당수가 인도나 파키스탄계 케냐인들이기 때문이다. 또한 이들은 나이로비 시내의 많은 상점들을 운영하면서 사실상 상권을 장악하고 있다.

나이로비 시내 중심부의 인도인 가게들.

이들 아시아인들은 그간 축적한 부로 비교적 풍요로운 생활을 영위한다. 반면 대부분의 케냐인들은 극심한 가난에 시달리고 있다. 이런 까닭에 많은 케냐인들은 아시아인들에 대한 강한 반감과 적대감을 노골적으로 나타내기도 한다. 케냐인들은 아시아인 상점주들을 '두카왈라(dukawallah)'라고 부르는데, 이들이 자신들을 착취한다고 생각하는 것이다. 1982년 공군을 주축으로 쿠데타가 발생했을 때, 대부분의 인도인 소유 상점들이 무차별 약탈당하기도 했다.

백인 공동체 중에서 가장 큰 공동체는 역시 영국계 정착민들이다. 주로 20세기 초반에 정착한 영국인 이주자들의 후손들이다. 1980년대 중반에 4만 명으로 추산된 유럽계 케냐인들은 다양한 분야에 종사하고 있으며 독특한 문화적 취향을 정착시키기도 했다. 이들의 대표적인 먹거리 문화로 차(茶)문화를 꼽을 수 있으며, '피쉬 앤 칲스(Fish and Chips)'도 빼놓을 수 없는 영국식 먹거리 문화의 유산이다. 그들은 주말에 응공 경마장에 운집하여 경마를 구경하거나 골프, 크리켓, 폴로, 테니스를 즐긴다. 유럽계 백인들 중 이탈리아계도 상당수 있는데 해안 지방의 말린디 등지에 주로 거주한다. 유럽에서 이주한 집단 중에서 유대계 이민자들도 주목할 만하다. 나치스의 유대인 학살이 본격화되면서 독일이나 오스트리아에 살던 유대인들이 아프리카로 많이 피해왔는데 케냐에도 상당수가 살고 있다. 또 근년의 일이기는 하지만 케냐에서 농업이나 관광 분야에 많이 진출한 이스라엘인들도 주목받는 외국인들이다.

탈부족화와 민족 정체성 형성

현대 케냐 사회의 최대 과제 중의 하나는 역시 '케냐인'이라는 정체성을 확립하는 것이다. 물론 케냐인이라는 정체성을 확립하기 위해서는 탈부족화(detribalization)가 선행되어야 한다. 문제는 권력의 핵심에 있는 정치인들이 자신들의 정치권력을 강화하기 위한 수단으로 부족적 반목과 갈등을 의식적으로 조장한다는 사실이다. 탈부족화는 전통적 가치의 상실과 몰개성적 문화의 등장을 의미하는 것이 아니다. 부족의 고유한 가치와 문화를 시대적 맥락에 맞게 지켜나가면서도 새로운 사회의 통합을 위해 긴요한 집단적 정체성을 확립하는 것이 중요하다.

사바나의 빛과 그림자 속으로

자카란다 꽃나무 아래를 활보하던 그때를 그리워하며

앨런 피셔는 1969년 2월호 『내셔널 지오그래픽 *National Geographic*』지에 신생 독립국 케냐에 관한 글을 기고했다. 이 글에서 앨런 피셔는 케냐의 현대적이고 아름다운 수도 나이로비를 아무 때나 안심하고 활보할 수 있었다고 술회했다. 독립 당시 나이로비는 훌륭하게 정비된 도시로서의 면모를 고스란히 간직하고 있었다. 식민지 시대에 지어진 건물들이 정연하게 늘어선 풍경과 신생 독립국으로서의 생동감, 집단적 의지가 어우러져 역동적인 도시라는 느낌을 심어주었다. 이와 함께 항상 푸른 나무들과 일년 내내 화려하게 피는 형형색색의 꽃들은 생명력으로 충일(充溢)한 도시라는 인상을 주기에 모자람이 없었다. 치안도 비교적 잘 확립되어 있었다.

하지만 도심의 한복판을 아무런 걱정 없이 걷는 일은 이제 아련한 기억으로 남아 있을 따름이다. 급증하는 범죄와 불안한 치안으로 말미암아 이제 나이로비에서 안전지대를 찾는다는 것은 거의 불가능하다. 특히 1990년대 후반기부터 각종 범죄가 가파른 증가 추세를 보이며, 심각한 사회 문제로 부각되기 시작했다. 해질 무렵 이후에는 말할 것도 없고 대낮에도 안심하고 걸어다닐 수 없게 되었다. 사람들의 왕래가 빈번한 케냐타 애버뉴나 코이낭게 스트리트 등 도심 한복판에서도 대담한 형태의 날치기 사건이 빈발한다. 이로 인해 '나이라버리(Nairobbery)'라는 치욕적인 오명을 얻기도 했다. 도심도 더 이상 안전지대가 아닐진대 하물며 인적이 드문 한적한 곳이나 도심의 외곽은 두말할 나위도 없다. 나이로비 시민들이 즐겨 찾는 우후루 파크나 센트럴 파크 그리고 도시의 외곽 지역은 각종 범죄에 무방비로 노출되어 있다고 해도 과언이 아니다. 범죄의 급증으로 나이로비는 이른바 공포의 도시(tyrannopolis)라는 오명으로부터 자유로울 수 없게 되었다.

치안 악화는 경제적 불평등과 사회적 모순의 필연적 결과물이라고 규정할 수 있다. 살아 숨쉬는 것 자체가 힘겨운 투쟁의 연속일 정도로 빈곤하게 살아가는 도시 빈민들에게 시민의식과 법질서를 강조한다는 것 자체가 공허하기 그지없는 공염불인지도 모른다. 사회적 모순이 근본적으로 해결되고 불평등

구조가 조금이라도 개선되지 않는 한 보라색 자카란다 나무 아래를 유유히 걸어가는 모습을 다시 보기는 어려울 것이다.

케냐의 치안 상황은 주변국들의 정치적 상황과도 밀접하게 맞물려 있다. 인근 국가들의 내전은 케냐에 난민들이 유입되는 원인이다. 수단, 에티오피아, 우간다, 르완다, 부룬디 등 주변 국가들의 내전으로 인해 생겨난 난민들이 대거 케냐로 들어왔다. 케냐 북부 지역에는 주로 수단 난민들을 수용한 카쿠마 난민촌과 소말리아 난민들을 수용한 다답 난민촌이 설치되어 있다. 이들 중 극소수만이 난민의 지위로 유럽이나 미국에 정착할 기회를 부여받는다. 이들은 대부분 본국의 내전이 종식되기를 기다리며 고통스런 삶을 살아간다.

인근 국가들의 내전은 총기와 각종 무기들도 범람하게 함으로써 케냐의 치안 상황을 걷잡을 수 없이 악화시킨다. 각종 무기류와 총기들이 범죄집단의 수중에 들어가면 강력범죄가 잇따라 일어나고 사람들은 공포에 시달린다.

화려한 도시의 불빛을 찾아

1962년 나이로비의 인구는 약 26만 6천 명에 불과했으나 1969년에는 약 51만 명으로 급증했다. 그리고 10년 후인 1979년에는 83만 명, 1989년에는 135만 명, 2002년에는 2백5십만 명으로 가파른 인구증가를 기록했다. 꿈을 실현하기 위해 베이징으로 몰려드는 중국의 지방 청년들을 일컫는 베이퍄

빈민가인 품와니 근처의 노천 이발소.

오[北漂]들처럼 나이로비에도 일자리를 찾아 지방에서 수많은 젊은이들이 몰려든다. 특히 농촌 지역에 한발이나 홍수가 엄습하면 도시로 유입되는 젊은이들도 자연히 늘어난다. 그러나 이들을 기다리고 있는 것은 고용의 기회와 새로운 삶에 대한 희망이 아니라 빈곤과 소외뿐이다.

도시로 몰려든 사람들은 마땅한 주거도 없기 때문에 나이로비 외곽에 위치한 거대한 빈민촌에 거주할 수밖에 없다. 불어나는 빈민촌은 거대한 벨트처럼 도심을 포위하며 심각한 사회적 문제들을 양산해낸다. 마싸레(Mathare) 지역은 이농인구와 소말리아와 에티오피아의 난민들이 뒤섞여 형성된 전형적인 빈민촌이다. 빈민촌은 이 밖에도 키베라, 카리오방기, 품와니, 카왕그와레 등에서 마치 핵분열을 일으키듯 나이로비를 에워싸며 형성되고 있다. 현대 케냐 사회에서 소외되고 버림받은 자들의 처절한 삶이 전개되고 있는 현장이 바로 빈민촌이다.

맹견 조심

나이로비의 고급주택가 앞을 지나다보면 커다란 대문에 붙은 경비회사 표지판과 '음브와 음칼리(Mbwa Mkali)'라고 쓰여진 문구가 눈에 들어온다. 음브와 음칼리는 스와힐리어로 '맹견(猛犬)'이라는 뜻이다. 이는 잠재적 침입자에 대한 경고다. 뿌리 깊은 불안과 불신의 기호학이 바로 맹견 조심이란 문구인 것이다.

다른 대륙과 달리 아프리카에는 유난히 경비용역회사가 많은데 케냐도 물론 예외가 아니다. 특히 수도인 나이로비에는 소규모 경비용역회사들은 물론 외국계 경비회사들도 성업중이다. 말할 나위 없이 엄청난 빈부 격차와 이로 인한 치안 불안 때문이다. 경제가 불황이건 호황이건 크게 영향을 받지 않고 유지되는 업종이 바로 경비용역업일 정도로 나이로비의 치안은 불안하다. 일정 수준의 훈련을 받고 경비를 담당하는 경비원인 '아스카리(askari)'들은 경비견들과 함께 기존 질서를 수호하는 전위에 선다. 이들 아스카리들은 역설적으로 대부분 케냐 사회의 하층계급 출신이다. 사회의 발전 단계에서 주변부로 밀린 사람들이 사회 중심부의 이익을 수호하기 위해 작열하는 태양 아래 서 있는 것이다. 자신들을 소외시킨 구조를 지키기 위한 파수꾼으로서의 역할을 맡은 아스카리들은 어쩌면 케냐 사회의 모순을 가장 상징적으로 보여주는 집단이라고 할 수 있다.

거리의 아이들과 밤의 소녀들

도시는 필연적으로 사회적으로 버림받은 사람들(the socially downtrodden)을 잉태한다. 사회적 약자들에 대한 정부의 무관심과 보호대책의 부재로 말미암아 벼랑 끝에 선 사람들이 부단히 양산되는 것이다. 나이로비 시내의 도심 한복판이나 쇼핑센터 근처에서 구걸하는 거리의 아이들과 밤에 매춘에 나서는 어린 소녀들을 마주치는 것은 어렵지 않다. 어린 아이를 등에 업고 구걸에 나서는 아이들도 있고, 지나가는 행인을 맨발로 집요하게 쫓아오며 구걸하기도 한다. 특히 외국인들에게는 '음중구(Mzungu, 본래는 유럽인을 의미하지만 외국인들을 포괄적으로 통칭하는 단어로 사용된다)'라고 부르며, 거의 예외 없이 손을 내밀며 몰려든다.

거리의 아이들은 때때로 땅콩을 팔거나 차가 신호등에 멈추면 차를 몇 번 닦아주고는 손을 내민다. 보다 적극적인 구걸도 흔하다. 주차시설이 미비한 나이로비의 도심에서는 주차할 곳을 찾는 일이 쉽지 않다. 이때 거리의 아이들이 나타난다. 아이들은 재빨리 주차할 곳을 찾아 쉽사리 주차하도록 도움을 주고 그 대가로 손을 벌린다.

마타투 니 마타타

케냐의 주요 교통수단은 승합차의 일종인 마타투이다. 주로 일본에서 수입한 중고차를 개조한 대중교통수단인데 거리의 무법자라는 오명에서 알 수 있듯이 교통체증과 사고의 주범이다. 대부분 안전장치가 기준에 미달하거나 아예 장착하지 않았기 때문에 사고의 위험성을 항상 내포하고 있다. 그럼에도 불구하고 저렴하게 이용할 수 있는 대중교통수단이 거의 전무한 까닭에 일반 서민들에겐 발과 같은 구실을 하는 필수불가결한 교통수단이다.

마타투에는 사람들의 의식의 흐름을 반영하는 독특한 그림과 문구가 있어 이목을 끈다. 주로 스포츠와 관련된 그림이 주종을 이루고, 문구의 경우는 속담이나 종교적인 내용을 담고 있기도 하다. 마타투에서 흔히 듣는 음악은 귀청이 떨어질 정도여서 거의 소음에 가까운 공해이다. 이러한 '강요된 음악'에 대해서 끊임없는 불평이 있었지만 '달리는 디스코텍'은 여전하다. 케냐인들은 흔히들 "마타투 니 마타타(Matatu ni matata)"라고 말한다. 스와힐리어로 '마타투가 골칫거리'라는 의미이다. 비록 마음에 들지는 않지만 선택의 여지없이 이용할 수밖에 없는 상황에서 케냐인들이 느끼는 불편한 심기를 단적으로 드러낸 표현이다.

세계의 사파리 수도

사파리 단상

사파리는 스와힐리어로 '여행'을 의미한다. 그러나 진정한 의미에서 사파리는 여행 그 이상의 의미를 배태하고 있다. 사파리는 인간의 질서에서 벗어나 자연의 질서를 느껴보고, 인간 위주의 질서가 필연적으로 초래하는 파괴와 가치상실의 모순을 되돌아볼 성찰의 기회를 제공해주기도 한다. 사파리를 통해서 인간이 진정으로 추구해야 할 가치와 세계가 무엇인지 다시금 반추할 수도 있다. 많은 사람들이 사파리야말로 대자연의 섭리에 조화롭게 순응하는 것이 얼마나 중요한지를 일깨워주는 계기라고 주장한다.

'인생은 여로'라는 은유적 표현처럼 삶 자체가 끝없는 사파리인지도 모른다. 사파리는 진정 인간과 자연의 본원적인 모습을 재발견하는 순례라고 해도 과언이 아닐 것이다. 인간은 떠남을 통해서 미처 발견하지 못했던 새로운 세계를 발견하고 삶을 보다 풍요롭게 하는 힘의 원천을 발견하기도 한다. 도시의 소음에 무디어져 듣지 못했던 자연의 소리를 사바나에서 다시 듣게 되고 문명의 불빛에 가려 보지 못했던 헤아릴 수 없이 많은 별들을 다시 만날 수 있다. 사파리를 통해 대자연의 장엄한 서사시를 목도하고 생명의 힘찬 박동을 가슴으로 느낀다. 영원할 것만 같은 침묵 속에서 함성이 용솟음침을 느끼고 요동치는 포효와 함께 엄습하는 침묵의 시간을 맞이한다. 그러다보면 사파리는 어느새 인생의 스승처럼 자연의 질서와 조화를 깨닫게 하는 마력을 지니고 있음을 알게 된다. 일어남과 스러짐이 너무나 극명하게 대비되는 사바나는 겸허함을 일깨워주고 삶을 직관하게 하는 스승이다.

인간 중심의 세계에서 인간과 동물 사이에는 우주적 위계질서가 존재한다. 인간이 세운 수직적 위계질서로 인해 파괴와 생명경시가 아무런 죄의식 없이 자행되기도 했다. 인간의 의지와 욕망대로 동물들은 쇠창살에 갇혀 인간들의 눈길과 마주친다. 그러나 아프리카의 사파리는 이러한 위계질서를 뒤집는다. 사바나에서는 동물들이 사파리 차량 속에서만 움직일 수 있는 인간들을 무관심하다는 듯 바라본다.

물론 사파리는 종종 탐험과 낯선 세계에 대한 이국적 정서의 집약을 나타내기도 했다. 일상의 권태로부터의 도피이기도 했고 상상적 세계의 실제적 구현이기도 했다. 사파리가 다소 신비화된 언어로 현실에 염증을 느끼던 사람들을 선동하는 주술적 성격을 가진 것이었음을 부정할 수 없다.

사파리의 메카

케냐는 사파리와 동의어로 인식될 정도로 사파리의 천국이다. 흔히 케냐를 연상할 때 가장 먼저 떠오르는 이미지가 바로 '동물의 왕국'이다. BBC와 같은 유수의 방송사와 대중매체들이 마사이 마라 등지에서 살아가는 야생동물들의 생태와 장엄한 모습들을 영상으로 제작하여 대중들에게 알린 덕분이다. 케냐 관광산업의 핵심은 바로 야생동물 보호구역 내의 사파리이다. 야생 상태에서 잘 보호된 동물들을 자연 그대로의 모습으로 바라볼 수 있는 사파리를 케냐 여행의 백미로 꼽는 데 주저하는 이는 별로 없다. 그만큼 사파리를 통해서 케냐를 느끼고, 케냐를 통해서 사파리의 세계로 입문하는 것이다.

물론 고전적인 의미의 사파리 이외에도 관광지로서의 케냐의 잠재력은 무궁무진하다. 케냐의 지형과 기후는 모든 형태의 지형과 기후 패턴을 한곳에 집약해놓은 곳이라고 규정할 만큼 다양성의 보고이다. 북부의 찰비 사막(Chalbi Desert), 그레이트 리프트 밸리(Great Rift Valley), 인도양에 면한 해안 지방, 아직도 지각변동이 간헐적으로 발생하는 리프트 밸리 지방, 애버데어 국립공원의 울창한 삼림지대, 크왈레 지역의 우림지대, 눈 덮인 케냐 산, 엘도레트를 중심으로 한 서부 케냐의 고원지대, 북동부 지역의 습지대, 빅토리아와 투르카나 호수, 마사이 마라의 사바나 등 케냐는 그야말로 온갖 지형과 기후의 만화경이라 불리기에 부족함이 없다.

케냐는 풍부한 관광자원을 바탕으로 외국인 관광객 유치에 국가적인 노력을 기울여왔다. 우선 야생동물 보호를 위한 노력의 일환으로 전 국토의 15%에 해당하는 땅을 국립공원과 야생동물 보호구역으로 지정하여 효율적인 밀렵 감시와 생태계 보호에 전념하고 있다. 45개에 달하는 이들 지역에서는 케냐야생동물협회의 체계적인 관리 하에 밀렵행위에 대한 철저한 감시와 생존 위협에 처한 동물들을 보호하는 데 주안점을 두고 있다.

사파리 진화사

오늘날에는 사파리 전용 차량이 있어 단기간에 비교적 편안하게 여행을 떠난다. 주로 일제 승합차를 개조하여 사파리 전용 차량으로 사용한다. 도로 사정이 열악하기 때문에 아프리카의 지형에 적합하도록 부품을 개조하거나 강화한다. 동물들을 가까운 거리에서 안전하게 바라보게끔 지붕을 열 수 있도록 만든 차량들이 대부분이다. 탑승인원이 많지 않고 좀더 험난한 지역으로 사파리를 떠날 경우 랜드로버를 이용하기도 한다.

오늘날의 일반적인 사파리와는 달리, 20세기 초엽까지만 해도 사파리는 대규모 행사였다. 오늘날처럼 이동수단도 발달하지 않았고 숙박시설도 존재하지 않았기 때문에 사파리에 필요한 필수품들을 나르고 일정 진행을 도와줄 대규모 인원구성이 선결요건이었다. 일반적으로 오랜 준비 기간을 거쳐 사파리를 떠나기 때문에 준비시점에서 결행시점까지 몇 년이 소요되기도 했다. 초창기에 사파리를 더욱 힘겹게 한 요소는 말라리아, 이질 등 풍토병의 창궐이었다. 당시에는 방충망이 구비된 로지(lodge)나 쾌적한 숙박시설이 존재하지 않았다. 그래서 사파리 도중 말라리아나 이질에 무방비로 노출됨으로써 일정이 취소되거나 단축되기도 했다.

초기의 사파리는 사냥을 목적으로 한 헌팅 사파리가 주류를 이루었다. 야생동물 사냥에는 언제나 위험이 수반되고 예기치 않았던 돌발 상황이 발생하기 쉬우므로 헌팅 사파리를 위해서는 전문 사냥꾼들의 안내와 동행이 필수였다. 야생동물 사냥이 밀렵행위로 금지되기 전까지만 해도 전문 사냥꾼들이 직업적으로 사냥에 관한 전문적 조언과 안내를 전담했었다. 사파리의 기점 도시인 나이로비에는 이들 직업적 전문 사냥꾼들이 자신들만의 독특한 문화와 분위기를 가진 공동체를 형성하고 있었다. 야생동물 사냥이 야성적 남성미의 절대적 구현이라는 인식이 팽배해지면서 직업적 전문 사냥꾼들은 숱한 여성들의 선망의 대상이 되기도 했었다.

사파리 대상지와 기점 도시인 나이로비 간의 이동에는 사륜마차 등이 이용되었다. 그래서 초기 나이로비는 흡사 미국 서부개척 시대의 분위기를 자아냈다. 초기의 원거리 사파리에는 코끼리를 조련하여 짐을 싣고 이동하는 데 동원하기도 했다. 사파리에 필요한 장비와 사냥도구를 운반하기 위해서는 대규모 카라반 조직이 필수적이었다. 수많은 짐꾼, 요리사가 동원되는 대규모의 일행이 움직이는 데는 엄청난 경비가 소요되었다. 특히 헌팅 사파리의 경우 각종 총기류와 사냥도구들을 가지고 이동했기 때문에 규모가 큰 헌팅 사파리의 경우는 거의 준군사조직에 버금갈 정도였다. 따라서 사파리는 호사가들의 전유물처럼 여겨졌다. 대규모 사파리가 침체한 지역경제를 되살리는 호기가 되기도 했으니, 가히 사파리 경제라고 부를 만하다.

1920년대 후반부터 자동차를 이용한 사파리가 점점 증가하면서 사냥에 있어서 지켜야 할 문제들이 부각된다. 예컨대 고전적 의미의 사냥꾼은 땅에 서서 사냥을 했다. 그러나 자동차가 사냥에 동원되면서 차 안에서 총을 쏘는 등 사냥의 기본 규칙을 위반하는 사례들도 늘어나기 시작한 것이다. 한 가지 유감스러운 것은 아직까지도 외국인 관광객이 사파리의 주요 고객이라는 점이다. 정작 사파리 왕국의 주인인 케냐인들에게 사파리는 쉽사리 범접할 수 없는 낯선 세계의 일로 남아 있다.

사바나에는 사슴이 없다!

사파리에 나서면 "저 동물의 이름은 뭐죠?"라는 질문을 자주 들을 수 있다. 사파리를 떠나기 전에는 동물들의 생김새와 습성 등에 관하여 관심을 갖고 책을 들추어보는 것이 중요하다. 동물들의 이름과 습성을 이해하게 되면 사파리는 더욱 흥미로운 경험이 된다. 같은 과(科, family)에 속한 동물일지라도 외형이나 서식지에 따라서 뚜렷하게 구분되는 경우도 흔하다. 한 예로 하이에나는 외형에 따라서 얼룩덜룩한 점박이 하이에나(spotted hyena)와 줄무늬 하이에나(striped hyena)로 대별된다. 코뿔소도 흰코뿔소(white rhinoceros, 학명은 ceratotherium simum)와 검정코뿔소(black rhinoceros, 학명은 diceros bicornis)로 나뉜다. 흰코뿔소와 검정코뿔소의 차이는 색깔이 아니다. 두 종류의 코뿔소 모두 회갈색이지만 검정코뿔소는 갈고리 모양의(hook-lipped) 입술을 가지고 있고, 흰코뿔소는 검정코뿔소에 비해 몸집이 크다. 기린의 경우도 그물 모양 무늬를 가진 기린(reticulated giraffe)은 뿔이 세 개이며, 마사이 기린(Masai giraffe)이라고 알려진 일반 기린은 두 개의 뿔을 가지고 있다.

사파리를 떠나는 여행객들은 빅 파이브(Big Five)를 모두 볼 수 있을지도 모른다는 기대로 흥분한다. 빅 파이브는 코끼리(ndovu, 은도부), 코뿔소(kifaru, 키파루), 사자(simba, 심바), 표범(chui, 츄이), 들소(nyati, 냐티 혹은 mbogo, 음보고)를 총칭하는 사파리 용어이다. 빅 파이브를 모두 만나 사진에 담을 수 있다는 것은 그야말로 행운이다. 각 국립공원과 야생동물 보호구역마다 생태적 조건과 환경이 모두 달라 서식하는 동물도 다르기 때문이다. 사바나에서 흔히 볼 수 있는 임팔라나 영양의 일종인 톰슨가젤을 보고 사슴과 혼동하지는 말아야 하겠다. 케냐의 사바나에는 사슴이 없다!

사파리 에티켓

사파리를 위해 케냐를 찾는 관광객 수가 늘어남에 따라 지정된 국립공원이나 야생동물 보호구역에서도 동물들이 평화롭게 살아갈 수 있는 환경이 점점 위협받고 있다. 적어도 국립공원이나 야생동물 보호구역에서는 인간의 이해나 욕망보다 동식물의 보호라는 대의를 중시해야 한다.

어떤 여행객들은 잠자는 사자를 깨우기 위해서 차량 안에서 작은 돌을 던지는 '도발행위'를 하거나 좀더 나은 장면을 촬영하기 위해 차량 밖으로 나가는 위험천만한 모험을 하기도 한다. 그러나 "모르는 것이 약은 아니다(Ignorance is not bliss)"라는 경구를 염두에 두어야 한다. 국립공원 안에서의 행동규정을 위반했을 경우 벌금이 부과되며 자신의 안전 역시 보장받을 수 없다. 사파리를 떠나면서 가장 강렬하게 다가오는 느낌은 무제한의 자유와 해방감일 것이다. 그러나 자유와 해방감을 만끽하는 즐거움도 일정한 테두리 안에 머무를 때만 보장받는다. 일견 사파리 에티켓이 금기처럼 느껴질지도 모른다.

그러나 사파리 에티켓의 준수는 사파리를 더욱 의미 있는 경험으로 만들기 위한 기본적인 전제조건이다.

1. 국립공원이나 야생동물 보호구역 내에서는 사파리 차량이 이동하는 길로만 움직여야 한다. 비포장도로이지만 많은 사파리 차량들의 이동으로 잘 다져져 있어 노면이 비교적 평탄하다. 자칫 길을 벗어날 경우 빠져나오기 어려운 상황도 발생한다. 또 운전을 할 때는 제한속도를 준수함으로써 동물들의 이동에 방해를 주지 않는 것이 중요하다. 제한속도는 원칙적으로 시속 50㎞인데 동물들이 항상 통행의 우선권을 갖기 때문에 도로에서 동물들과 조우했을 때는 반드시 차량을 정지시켜야 한다. 건기 중에는 차량이 지나갈 때마다 엄청난 흙먼지가 일어나 시야 확보가 어렵다. 특히 암보셀리 국립공원은 흙먼지로 악명이 높은 곳이다. 따라서 선행 차량과 일정 거리를 유지하는 것은 안전을 위한 기본 사항이다.
2. 동물들에게 음식물을 던져주지 말아야 한다. 국립공원이나 야생동물 보호구역으로 향하는 도중 혹은 사파리를 하면서 빵조각이나 바나나 등 먹을 것을 동물들에게 던져주는 것은 무척 위험한 행동이다. 특히 비비원숭이(baboon)들은 행동이 날렵해서 먹을 것을 재빨리 낚아채므로 각별한 주의가 요구된다.
3. 사파리 차량 안에 앉아 야생동물들을 관찰하더라도 동

물들과 차량은 일정 거리를 유지해야 한다. 특히 코끼리는 항상 가족 단위로 함께 이동한다. 새끼코끼리와 어미코끼리가 평화롭게 어슬렁거리는데, 이들을 교란할 경우 위험스런 상황에 처할 수도 있다. 따라서 동물들을 관찰할 때 적정 거리를 유지하는 것은 상식이다. 차창 밖으로 몸을 내미는 행동도 바람직하지 않다.

4. 국립공원이나 야생동물 보호구역의 출입시간을 엄수해야 한다. 저녁 무렵에 공원에서 밖으로 나가는 차량은 허용하는 경우도 있지만 일정 시간이 지나면 공원에 들어오는 것은 엄격히 불허한다. 마사이 마라의 예를 들면 아침에 출입구를 여는 시간은 6시 30분이고 저녁에 닫는 시간은 7시다. 따라서 출입구를 여닫는 시각을 고려하여 이동하는 것이 중요하다. 사파리 차량들이 나이로비를 떠나 목적지로 향할 때는 대개 정해진 출입시간에 맞추어 떠난다. 긴급한 상황이 발생한 경우를 제외하고는 밤에 공원이나 보호구역 내에서 이동하는 차량을 보는 것은 극히 드물다.

5. 국립공원과 야생동물 보호구역의 지정은 인간의 영향을 최소화함으로써 동물들이 살아갈 수 있는 최적의 환경을 유지하고 생태계의 다양성을 지켜내기 위함이다. 따라서 환경을 오염시키는 일체의 행위, 예컨대 쓰레기를 버리는 일은 없어야 한다. 특히 건기에 불씨가 남은 담배꽁초를 함부로 버렸다가는 자칫 사바나를 불바다로 만들 위험이 있다.

6. 대부분의 여행사에 고용된 사파리 차량 운전사들은 국립공원과 보호구역 내에서 지켜야 할 사항들을 잘 숙지하고 있다. 따라서 이들의 조언에 귀를 기울여야 한다. 이와 함께 무리한 요구로 이들을 당혹케 하는 행위를 하지 않도록 신경을 써야 한다.
7. 전염병 감염이나 생태계 교란의 위험이 있으므로 애완견 또는 동물이나 가축을 국립공원이나 보호구역 내로 데리고 오는 것은 바람직하지 않다.
8. 암보셀리 국립공원이 위치한 카지아도 지역, 마사이마라 야생동물 보호구역이 위치한 나록 지역은 마사이족이 목축을 하며 살아가고 있는 지역이다. 도중에 마사이족이 살아가는 모습을 보기 위해서 마사이족 마을을 방문하기도 하는데 사진을 촬영하기 전에 반드시 허가를 받아야 한다. 허가를 받기 위해 흥정이 선행되는 것이 보통이다.
9. 뼈, 가죽, 뿔 등 야생동물의 잔해와 새들의 깃털을 국립공원이나 보호구역 밖으로 가지고 나가는 것은 금지되어 있다. 소유보다는 바라보는 것에서 만족과 기쁨을 찾는 마음 자세가 중요하다.

헌팅 사파리

지금은 야생동식물 보호에 대한 세계적인 흐름에 따라 더 이상 사냥이 허용되지 않지만, 20세기 초반 케냐는 사냥꾼들의 지향이었다. 아프리카에서 야생동물들을 사냥하는 것이 남성다움의 극치로 묘사되었고, 수많은 명사들이 헌팅 사파리에 나서는 등 사파리는 한 시대를 풍미했다. 지금은 밀렵이 불법행위가 되었지만 사자, 코뿔소, 표범, 코끼리, 들소 등 수많은 야생동물들이 사냥꾼들의 총성과 함께 스러져갔다.

과연 밀렵과 사냥을 구분짓는 것은 무엇인가? 밀렵꾼들은 돈을 위해 동물을 살상하고 사냥꾼들은 동물 살상을 스포츠로 삼는다. 문제는 영화나 미디어에 나오는 아프리카인들은 항상 밀렵꾼으로 묘사되고 백인들은 동물 보호라는 대의에 헌신하는 보호론자들로 이상화된다는 것이다. 「내가 꿈꾸어온 아프리카 *I dreamed of Africa*」라는 영화에서도 사냥을 스포츠로 즐기는 이탈리아계 백인이 밀렵꾼들을 '학살자들(butchers)'로 규정한다. 자신의 동물 살상은 사냥이고 흑인들의 동물 살상은 밀렵이라고 규정하는 행위는 혹시 오만과 인종주의의 전형은 아닌가?

조류 관찰 사파리

현존하는 조류 중에서 가장 큰 조류인 타조, 나쿠루 호(Lake Nakuru)와 보고리아 호(Lake Bogoria)를 온통 분홍빛으로 물들이는 홍학이 있는 케냐는 조류의 천국이다. 새들을 관찰하기 위한 목적으로 떠나는 사파리를 탐조(探鳥) 혹은 조류 관찰 사파리(ornithological safari)라고 한다. 케냐에는 일반적으로 알려진 새의 종류만 해도 천 종 이상이 있는 것으로 보고된다. 아마존 강 유역을 제외하고는 관찰할 수 있는 새의 종류가 가장 많은 곳으로 꼽힌다. 이는 다양한 지형과 생태계가 새들이 서식할 수 있는 최적의 조건을 제공하기 때문으로 보인다.

케냐에서는 계절에 관계없이 항상 눈에 띄는 텃새도 많고 철에 따라 사는 곳을 바꾸는 철새(migratory birds)도 많이 관찰할 수 있다. 나이로비에서 북서쪽으로 조금 가면 나이바샤 호(Lake Naivasha)가 나타나는데 보트를 타고 호수를 돌면 펠리컨 등 많은 종류의 새들을 관찰할 수 있다. 서차보 국립공원에 있는 응굴리아 로지에 가면 밤에 비추는 탐조등 불빛에 새들이 몰려든다. 또 암보셀리나 마사이 마라에 가면 야생동물과 새들이 공생관계를 형성하며 살아가는 것을 목격할 수 있다. 코끼리나 들소의 등에 올라타 열심히 곤충을 쪼아대는 '음돈도아쿠페(mdondoakupe)'라는 이름의 새들은 동물들을 부지런히 따라다니며 식생활 문제를 해결한다. 꼭 유명한 곳이 아니더라도 이름조차 알 수 없는 새들과 마주 대하는 것은 드문 일이 아니다.

조류에 대한 보호나 특화된 여행지로서의 역할을 하도록 케냐 전역에 걸쳐 조류 보호구역(bird sanctuary)이 지정되어 있다. 이곳에서는 새들을 관찰하는 데 각별한 관심을 가진 여행객들이나 사진작가들을 위한 서너 시간 정도의 간단한 산책이 있다. 좀더 긴 탐조회(探鳥會) 프로그램도 마련되어 있다. 나이로비 외곽의 랑아타 지역에도 새들을 관찰할 수 있는 곳이 있다. 나이로비에서 그다지 멀지 않은 엘레멘테이타 호나 나이바샤 호수 안에 위치한 크레슨트 섬(Crescent Island)에서는 새들을 바라보며 걷는 일정(bird-watching walks)이 마련되어 있어 관심 있는 사람들의 발길을 끌어들인다.

낚시 사파리

낚시에 지대한 관심을 갖고 있는 조사(釣師)들을 위한 최적의 조건을 제공하는 곳이 케냐이기도 하다. 인도양의 바다낚시와 빅토리아 호수의 담수어(淡水魚)낚시로 대표되는 낚시 사파리(fishing safari)는 케냐가 가진 또 하나의 매력이다. 사람에 따라서 낚시를 위한 목적으로 휴가를 떠나기도 하고 휴가 중에 소일(消日)하는 방식으로 낚시를 하기도 한다. 전적으로 낚시를 위한 여행을 떠나든 단지 여행의 즐거움을 배가하기 위한 목적으로 낚싯대를 잡든 어떠한 경우에도 케냐는 우리를 실망시키지 않는다.

북쪽으로 소말리아와 접경하고 있는 지역에서부터 남쪽으로는 탄자니아와 접경하고 있는 지역에 이르기까지 인도양은 어족자원이 무척 풍부하여 예부터 어로활동이 왕성한 곳이다. 주로 참치, 청새치(marlin), 돛새치(sailfish), 킹피쉬(kingfish) 등 대형 어류가 잡힌다. 인도양의 몬순에 따라 시기마다 잡히는 어종이 다르다. 보통 11월부터 본격적으로 낚시꾼들이 몰려 대형 어종을 목표로 하는 낚시(Big Game fishing)를 한다. 이 밖에 근해에서 낚시(inshore fishing)를 즐기기도 한다. 말린디, 라무, 와타무, 킬리피, 몸바사, 쉬모니 등지에 낚시 클럽들이 있어 장비대여와 전문적 조언을 해준다.

담수어낚시에 좀더 흥미를 가졌다면 빅토리아 호수나 투르카나 호수로 향하면 된다. 빅토리아 호는 면적이 무려 6만 8천8백 ㎢로 아일랜드의 국토 면적에 해당하는 크기다. 호수의 전체 면적 중 케냐에 속하는 수역(水域)은 3천7백 ㎢로 그다지 크지 않다. 그럼에도 빅토리아 호의 케냐 수역에 위치한 루싱가 섬(Rusinga Island)이나 음팡가노 섬(Mfangano Island)에서 농어과의 대형 담수어인 나일퍼치(Nile perch, mbuta)를 낚을 수 있다. 나일퍼치는 큰 것이 50kg이 넘을 정도로 대형 어종이다. 투르카나 호수에는 40여 어종이 서식하는 것으로 보고되었다. 많이 잡히는 어종으로는 나일퍼치, 타이거피쉬(tiger fish), 틸라티어(tilapia, ngege)를 꼽을 수 있다. 낚시가 여행의 주목적이 아닌 사람들이 투르카나 호를 여행할 때는 고고학 유적지를 방문하는 것도 가치 있는 경험이 될 것이다. 케냐의 유명한 고고학자인 리처드 리키 박사가 인류의 기원을 규명하기 위해 선사인류의 두개골을 발굴한 곳이 바로 투르카나 호 지역이다.

동물 수집 사파리

인간들은 자연 상태의 동물이나 식물을 본래의 환경에서

자유롭게 살아가도록 놔두지 않는다. 동물들을 자연으로부터 납치하여 우리 안에 가두기도 하고 물고기들을 넓디넓은 바다나 호수로부터 강제로 이주시켜 좁디좁은 수족관 속에 유배시키기도 한다. 분재에서 보듯 식물들을 인간의 의지대로 변형시키고 때로는 불구로 만들어버리기도 한다. 인간은 자신의 의지대로 이러한 행위들을 당연시해왔고 별다른 이의를 제기하지 않았다. 태평양의 작은 섬나라인 바누아투에서는 열대어들을 잡아 미국이나 유럽 등지로 수출한다. 드넓은 태평양을 삶터로 삼던 물고기들은 좁디좁은 수족관 속에 수감된다. 동물들도 마찬가지다. 대규모의 동물원들은 동물들이 최적의 환경 속에서 살아갈 수 있도록 최신시설을 갖추어놓았다. 하지만 과연 자연 상태보다 나은 시설이 존재할지는 의문이다.

동물원에 수용할 야생동물들을 생포하거나 박물관에 전시할 동물을 확보하기 위한 목적의 사파리도 대규모로 조직되곤 했다. 루스벨트 대통령도 동아프리카에서 사파리를 하면서 사냥한 엄청난 수의 동물 표본을 스미스소니언협회에 기증했다. 20세기 초반 열강들은 자국의 경제력과 국력에 상응하는 동물원과 식물원을 경쟁적으로 설치했다. 다양한 종류의 야생동물들이 서식하는 동아프리카는 당연히 동물 수집 사파리(animal-collecting safari)를 위한 장이 되었다. 코끼리, 코뿔소, 사자, 하마, 들소, 영양 등의 야생동물들이 포획되어 유럽과 미국의 동물원으로 향했다. 동물 수집 사파리에는 사냥꾼, 박제 전문가,

박물학자들이 주축을 이루어 움직였다. 오늘날 유럽이나 미국의 자연사박물관에 소장되어 있는 박제된 동물들은 동물 수집 사파리를 통해 마련된 것이다.

영화와 사진 사파리

한때 이름을 떨치던 엽사(獵師)들은 동아프리카를 근거지로 무수히 많은 동물들을 사냥했다. 이들 엽사들이 오늘날에 생존했더라면 '사나바 초원에서 유혈극을 자행한 무자비한 밀렵꾼'으로 비난받고 '밀렵'에 상응하는 법적 처벌을 받았을 것이다. 그러나 20세기 전반기까지만 해도 이들은 흥미진진한 모험정신과 이국정서를 끊임없이 생산해내는 '동경과 흠모의 대상'이었다. 사냥꾼들의 흥미진진한 모험담은 문학작품으로 선보이기 시작했고, 문학작품들은 다시 영화로 제작되어 사람들의 호기심과 낯선 세계에 대한 갈증을 풀어주었다.

해거드, 콘라드, 헤밍웨이에 이르는 일군의 작가들이 아프리카를 배경으로 집필한 작품을 세상에 내놓았고, 이들의 작품들은 다시 영화로 제작되었다. 사바나를 배경으로 한 영화들이 속속 선보이면서 케냐는 영화와 사진 촬영 목적의 사파리(film-making and photographic safari)를 위한 가장 매력적인 대상지로 부각되었다.

이러한 수요를 충족시키기 위해 나이로비에는 영화 촬영 장비를 전문적으로 대여해주고 영화 촬영에 관한 전문적 자문과 용역을 해주는 업체들이 성업중이다. 영화 제작을 위해서는 많은 인원과 물량이 투입된다. 이들이 영화 제작 기간 동안 사용하는 경비는 지역경제에 활력을 준다. 현지에서 조달하는 물량 구입과 엑스트라 기용에 지급되는 비용도 상당하기 때문에 영화 촬영 유치에 다각적인 노력을 기울이기도 한다.

1920년에 무성영화로 제작되었던 「솔로몬왕의 보고 *King Solomon's Mines*」를 필두로 「아웃 오브 아프리카」 「내가 꿈꾸어온 아프리카」 「유령과 어둠」 등 다수의 영화가 아프리카를 배경으로 제작되었다. 그러나 영화 제작 기술의 급속한 발전에도 불구하고 영화의 배경과 주제들은 크게 변하지 않은 것이 특징이다.

1932년에는 시리즈로 제작된 「타잔」의 첫 편이 대중들에게 선보였다. 「솔로몬왕의 보고」는 1938년 유성영화로 영국에서 다시 제작되어 출시되었는데, 백인 사냥꾼이 주역을 맡아 등장하는 최초의 영화로 알려지고 있다. 그러나 이 영화는 남아프리카공화국에서 촬영한 일부 배경을 제외하면 영국에서 촬영한 것이 대부분이어서 생생한 긴장감이 결여되었다는 평가를 받았다.

1950년에는 할리우드의 MGM사가 「솔로몬왕의 보고」를 제작했다. 장면의 대부분을 케냐, 탕가니카, 우간다, 르완다, 부룬디 등 동아프리카에서 현지 촬영함으로써 할리우드 영화 제작 사상 가장 야심적인 해외 로케로 기록된다. 무려 5개월 동안 동아프리카 전역을 돌면서 진행된 현지 촬영에는 엄청난 장비와 인력이 동원되었다. 루스벨트 대통령의 아프리카 헌팅 사파리 이후 최대 규모였다. 데보라 커(D. Kerr)와 스튜어트 그레인저(S. Granger)가 주연한 이 영화는 아프리카의 혹독한 기후, 자연환경, 야생동물과의 사투라는 표현이 적절할 정도로 힘겨운 촬영 끝에 완성된 작품이다. 말라리아, 이질, 장티푸스 등 각종 질병에 노출되어 신음하는 상황에서도 촬영은 강행되었다. 르완다와 부룬디의 투치족, 케냐의 캄바족과 마사이족이 엑스트라로 출연했다. 총제작비가 무려 350만 달러에 달했고, 동아프리카 현지 촬영에만 180만 달러가 소요되었다. 당시의 경제 규모를 감안할 때 초대형 영화였음은 의문의 여지가 없다.

「매컴버 사건 *The Macomber Affair*」은 헤밍웨이의 작품을 영화로 제작한 것이다. 그레고리 펙(G. Peck)과 조언 베닛(J. Bennet)이 주연했다. 매컴버와 그의 부인인 마거트, 백인 사냥꾼이 주요 인물로 등장한다. 부유한 미국인 매컴버는 사파리를 통해서 겁 많은 사내에서 담력 있는 남자로 놀라운 변신을 한다. 남편이 소심한 사내에서 대담한 남자로 변신하고 새로운 힘을 얻는 것을 본 마거트는 두려움을 갖게 된다. 어느 날 그녀는 돌진해오는 들소로부터 남편을 구하기 위해 총을 발사한다. 그러나 불행히도 총에 맞아 숨진 것은 남편이었다. 이것이 사고사인지 아니면 의도적인 살인이었는지 많은 사람들에게 회자되기도 했다.

「킬리만자로의 눈 *The Snows of Kilimanjaro*」은 1936년 헤밍

웨이가 자신의 사파리 경험을 토대로 집필한 작품을 영화로 제작한 것이다. 이 작품을 원작으로 헨리 킹(H. King)감독이 만든 동명의 영화는 원작과는 달리 해피엔딩으로 끝나 원작자인 헤밍웨이를 분노케 했다고 알려져 있다. 원작에서는 신체 조직의 일부가 썩어 기능을 잃는 병인 괴저(壞疽)로 비참하게 죽어가는 미국인 작가를 묘사한다. 작품 속에서 자기도취적이고 술에 젖어 사는 미국인 작가는 다름 아닌 헤밍웨이 자신의 자화상이라는 것이 당시의 견해였다. 제목에서 알 수 있듯이 이 작품은 킬리만자로 산을 배경으로 하고 있다. 20세기 폭스사가 제작했고 애버 가드너(A. Gardner)와 그레고리 펙이 주연했다. 이 영화는 동아프리카에서 6개월간 촬영한 배경과 캘리포니아에서의 촬영을 조화시켜 완성했다.

아프리카에서 촬영된 영화 중 아직도 세인들의 뇌리 속에 깊게 각인되어 있는 영화를 꼽으라면 역시 「모감보 *Mogambo*」일 것이다. 일단 「모감보」에 출연하는 화려한 배역들이 관심을 끈다. 애버 가드너, 클라크 게이블(C. Gable), 그레이스 켈리(G. Kelly)와 같이 일세를 풍미한 명배우들이 대거 출연했다. 클라크 게이블이 사냥꾼, 애버 가드너가 요염한 자태의 여인, 그레이스 켈리가 새침한 유부녀 역을 맡아 열연했다. 두 여인과 사냥꾼 사이의 삼각관계에서 사냥꾼은 결국 요염한 자태의 애버 가드너를 선택한다.

이 영화의 촬영이 진행되던 도중 두 마리의 코뿔소가 제작진들에게 돌진해와 사살되었다. 게다가 사고로 두 명의 아프리카인과 한 명의 백인이 사망하는 등 인명 피해까지 발생했다. 당시 21살의 애버 가드너는 프랭크 시나트라의 아내였다. 프랭크 시나트라는 자신의 아내가 이혼한 지 얼마 되지 않은 클라크 게이블과 함께 아프리카 촬영을 진행하자 불안감을 떨치지 못했다. 그래서 결국 아프리카로 날아와 촬영 현장을 찾았다고 한다. 이처럼 이 영화는 무성한 뒷이야기를 남겼다.

리처드 해리스(R. Harris)가 주연한 영화 「사자와의 산책 *To Walk with Lions*」은 야생동물 보호에 헌신한 조지 애덤슨의 삶을 다룬 실화이다. 이 영화에는 케냐의 중견 배우 데이비드 물와(D. Mulwa)가 리처드 해리스의 하우스보이 역을 맡아 열연했다.

「*Nowhere in Africa*」는 아카데미상 외국영화 부문 최우수상을 수상한 독일 영화다. 슈테파니 쯔바이히(S. Zweig)가 쓴 자전적 소설에 토대를 두고 있다. 독일어 원제는 'Nirgendwo in Afrika'이다. 나치스의 유대인 대학살(the Holocaust)을 피해 1938년 케냐로 이주해서 외딴 지역에 농장을 일구며 살아가는 유대인 가족이 겪는 이야기를 그리고 있다. 독일에서의 안락한 삶에 집착과 미련을 간직한 남편과 새로운 세계에 잘 적응하지 못하다가 차츰 자기만족을 추구하면서 적응해가는 아내, 새로운 땅 케냐를 현실로 받아들이고 잘 순응하는 딸의 모습을 섬세하게 묘사하고 있다.

케냐에서 제작된 대부분의 영화는 유럽 중심적 관점(Euro-centric viewpoints)을 노정했다. 백인들은 항상 명령과 지시를 내리고 흑인들은 순종적으로 복종하는 역을 맡았다. 흑인들이 차지하는 위치는 고작해야 아프리카라는 이국적 정서를 묘사하는 소품 정도였다. 따라서 인종 간의 불평등한 구조를 사람들의 의식 속에 내면화시켰다는 비판을 면하기 어렵다.

영화 제작자들뿐만 아니라 많은 사진작가들이 케냐의 야생동물 보호구역과 국립공원으로 찾아온다. 야생동물과 변화무쌍한 자연환경을 작품으로 만들어내기 위해서는 비범한 인내와 기다림이 절대적이다. 나이로비의 서점에 들러보면 생사의 경계를 가로지르는 순간들을 담은 야생동물 사진작품들을 만날 수 있다.

사파리 속 인물열전

시어도어 루스벨트

미국의 제26대 대통령을 지낸 루스벨트가 헌팅 사파리를 위해 나이로비에 도착한 것은 1909년 4월이었다. 사파리를 떠나기 전인 1908년 3월 루스벨트 대통령은 당대 최고의 사냥꾼으로 명성이 자자하던 프레더릭 셀러스에게 친필 편지를 써 자신의 동아프리카 사파리를 준비해달라고 요청했다. 루스벨트는 어렸을 때부터 야생동물들과 탐험에 대한 남다른 열정을 간직하고 있었다고 전해진다. 박제술(taxidermy)을 배우기도 하고 새들을 관찰한 결과와 인상을 기록하는 등 자연과 야생동물의 세계에 대한 루스벨트의 열정은 남달랐다.

그러나 미국에서는 환경 보전에 남다른 노력을 기울인 것으로 정평이 나 있던 루스벨트가 정작 자신의 신념이나 정책과는 상반된 세기적 사파리를 결행하자 동물애호가들로부터 많은 비판에 직면했다. 자연과 야생동물의 세계에 유별난 열정과 관심을 기울인 사람이 사냥에 그토록 집착했다는 것은 아이러니라는 것이다. 과연 야생동물 보호와 사냥이라는 상반된 태도는 무엇으로 정당화할 수 있는가?

많은 비난과 냉소적 반응에도 불구하고 1908년 나이로비와 워싱턴에서는 루스벨트의 사파리 준비가 착착 진행되기 시작했다. 헌팅 사파리 기간 동안 수집된 동물들을 처리할 박제 전문가도 일행에 포함되어 있었다. 마침내 오랜 준비 기간이 끝나고, 루스벨트는 함부르크(Hamburg) 호를 타고 뉴욕 항을 출발하여 이탈리아 남부의 나폴리 항으로 향했다. 1909년 4월 5일 나폴리 항에 도착한 루스벨트는 프레더릭 셀러스를 만났다. 그리고 독일의 기선인 아트미랄(Admiral) 호로 환승해 케냐의 몸바사 항을 향한 머나먼 항해에 올랐다. 오랜 항해 끝에 4월 21일 몸바사에 발을 내딛은 루스벨트 일행은 그들이 도착하기 10년 전에 완성된 몸바사와 나이로비 구간의 우간다 철도를 타고 몸바사를 출발하여 나이로비로 향했다. 당시 유럽의 백인들이 케냐에 정착해서 백인 식민지 사회를 건설해나가고 있었기 때문에 케냐에 살고 있던 백인들은 루스벨트의 방문에 크게 고무되었다. 당시 「*East African Standard*」지는 "모든 문명세계가 루스벨트의 방문을 지켜보고 있다"고 대서특필

했다.

루스벨트의 헌팅 사파리를 통해서 4천9백 마리의 포유동물, 4천 마리의 야생조류, 5백 마리의 물고기, 2천 마리의 파충류가 수집되었다. 이들 대부분이 스미스소니언협회에 보내졌다. 가히 야생동물들의 홀로코스트라고 하지 않을 수 없다. 훗날 루스벨트는 1909년 케냐에서의 사파리를 '감춰진 황야의 정신(the hidden spirit of wilderness)'이라고 높게 평가하며 나름대로의 의미를 부여했다.

프레더릭 셀러스

프레더릭 셀러스(F.C. Selous)는 자타가 공인하는 전설적인 사냥꾼이자 박물학자였다. 그는 자신의 경험과 관찰을 토대로 동물에 관한 많은 책을 출간하기도 했다. 셀러스의 생생한 경험, 세심한 관찰, 정확한 분석과 풍부한 표현력은 자연과 야생동물에 관한 책들 중 단연 돋보이는 것이었다. 그런 까닭에 루스벨트 대통령도 그를 당대 최고의 작가라고 평가하는 데 주저하지 않았다.

불세출의 사냥꾼이라는 평판과 명성이 자자했던 셀러스. 그가 최후를 맞이한 것은 동물 사냥에서가 아니라 독일군과의 전투에서였다. 제1차세계대전중인 1917년 1월 탕가니카의 루피지 강(River Rufiji) 근처 베호베호(Behobeho)에서 독일군과의 전투 도중 저격병의 총을 맞고 전사했다. 당시 '게릴라전의 귀

재'로 알려진 독일군 장군 파울 폰 레토프 포어벡을 포위 공격하다가 전사한 것이다.

탄자니아에는 셀러스를 기념하기 위해 지정된 거대한 야생동물 보호구역이 있다. 바로 셀러스 야생동물 보호구역(Selous Game Reserve)으로 무려 51,800㎢의 면적이다. 크기로 볼 때 동아프리카 최대의 야생동물 보호구역이다. 루피지 강과 루아하 강에 걸터앉은 셀러스 야생동물 보호구역은 사바나, 관목으로 우거진 숲, 삼림 등 생태적 다양성으로 유명한 곳이다.

카렌 블릭센, 브로르 폰 블릭센 그리고 데니스 핀치 해튼

"응공 언덕이 바라보이는 곳에 나는 농장을 가지고 있었다" 라는 회상으로 시작되는 『아웃 오브 아프리카』는 덴마크 출신의 작가 카렌 블릭센(K. Blixen)이 케냐에서의 삶을 서사적으로 묘사한 자전소설이다. 나중에 그녀의 소설을 바탕으로 제작된 동명의 영화 「아웃 오브 아프리카」는 아카데미상을 수상한 수작으로 평가되었다. 시드니 폴락이 감독하고 메릴 스트립과 로버트 레드포드가 주연했다. 이 영화의 압권은 의심의 여지없이 아프리카의 대자연이다.

카렌 블릭센의 남편은 그녀의 사촌인 스웨덴의 남작(男爵) 브로르 폰 블릭센이었다. 그는 도대체 가정에는 전혀 관심이 없고 오로지 사냥에만 몰두하고 밖으로만 나도는 한량이었다. 브로르 블릭센과 카렌 블릭센의 연인으로 등장하는 데니스 핀치 해튼은 당대 최고의 사냥꾼으로 정평이 나 있는 인물들이었다. 당대 최고의 사냥꾼이라는 세간의 평가는 단지 탁월한 사냥 실력뿐만 아니라 그들의 교양과 품위에도 일정 정도 연유한다. 두 사람 모두 귀족 출신으로서 당시의 상류 사회가 요구하는 자질과 풍모를 두루 갖춘 인물들이었기 때문에 동시대인들로부터 이에 상응하는 평가를 받았던 것이다.

카렌 블릭센은 연인이었던 데니스 핀치 해튼과 종종 헌팅 사파리를 떠나곤 했다. 그녀는 특히 사자사냥을 통해 핀치 해튼과 서로에 대한 감정을 확인할 수 있었다고 회상한 바 있다. 사냥을 통해서 그들은 서로에게 아무 말도 하지 않았지만 이미 모든 것을 말했다고 느꼈다. 그들은 사냥이 본질적으로 유혹에 결부되어 있다고 믿었다. 사냥과 유혹은 결국 살아 있는 존재의 본질과 정수를 확실하게 소유하려는 노력이라는 점에서 동질적이라는 것이다.

핀치 해튼은 1931년 경비행기를 몰고 나이로비와 몸바사의 중간 지점에 있는 보이(Voi)를 떠나 나이로비로 귀환하던 중 추락사고로 숨졌다. 카렌 블릭센은 사고로 인해 이미 저 세상 사람이 되어 돌아온 연인과 슬픔을 응공 언덕에 묻었다.

필립 퍼서벌과 어니스트 헤밍웨이

필립 퍼서벌(P. Percival)은 캄바족이 주로 거주하는 마차코스에서 농장을 운영하며 직업적 사냥꾼으로 활동하고 있었다.

1933년 헤밍웨이와 함께 헌팅 사파리를 떠나기도 했던 그는 한때 헤밍웨이의 경솔한 태도를 질책할 정도로 강직한 성격을 소유하고 있었다. 헤밍웨이는 친구인 찰스 톰슨(C. Thompson)이 자신보다 훨씬 사냥을 잘하자 그를 몹시 시샘했다. 헤밍웨이의 태도를 유심히 지켜보던 퍼서벌은 헤밍웨이에게 사냥꾼이 갖추어야 할 덕목 하나를 일깨워주었다. 사냥하는 사람들에게 있어서 남과 경쟁한다는 것은 결국 모든 것을 망치는 첩경이라는 말이었다. 즉, 세속적 경쟁을 초월한 평정한 마음의 상태를 유지해야만 진정한 사냥꾼이 될 수 있다는 지론을 헤밍웨이에게 각인시켜준 것이다.

제1차세계대전이 끝난 후 극도의 절망감, 삶에 대한 환멸과 자기상실감에 빠져 방황하던 세대를 흔히 '잃어버린 세대(the Lost Generation)'라고 한다. 헤밍웨이는 잃어버린 세대의 대표 작가로 꼽힌다. 헤밍웨이의 작품에는 허무주의적 가치와 깊은 상실의 심연 속에서 죽음에 대한 진정한 의식으로부터 삶의 가치를 통찰하고자 하는 인물들이 묘사된다. 헤밍웨이는 전쟁으로 인한 깊은 정신적 외상(trauma)을 입었음에도 불구하고 명예, 용기, 인내와 같은 원칙에 충실한 인물들을 작품 속에 설정했다. 그는 새로운 시대정신을 구현하는 인물을 묘사하고자 했다.

1935년에 출간된 『아프리카의 푸른 언덕 *The Green Hills of Africa*』 그리고 이듬해인 1936년에 출간된 「킬리만자로의 눈」은 자신의 아프리카 헌팅 사파리를 주요 소재로 삼아 쓰여진

작품들이다. 그는 1933년 34살의 나이로 2개월 동안의 헌팅 사파리를 위해 케냐에 처음으로 왔다. 20년 후인 1953년 다시 케냐를 찾은 헤밍웨이는 날렵하게 움직이는 동물들을 뛰어난 사격 솜씨로 사냥하기도 했다. 1961년 헤밍웨이는 엽총으로 자살함으로써 최후의 방아쇠를 자신에게 당긴다. 결국 유일무이한 삶을 스스로 마감함으로써 새로운 삶의 가치를 찾으려는 지난한 노력에 종지부를 찍고 말았다.

에드워드 8세

이른바 '세기의 사랑'으로 널리 알려진 인물이 에드워드 8세(1894~1972)이다. 그는 조지 5세의 맏아들로 태어나 왕위에 오르지만 미국 출신의 이혼녀 심프슨(W.W. Simpson)과 결혼하기 위해 왕위를 포기했다. 재위 기간은 1936년 1월 20일부터 12월 10일까지로 1년이 채 되지 않는다. 보통 에드워드 8세보다는 윈저 공(Duke of Windsor)이라는 이름으로 더 많이 알려져 있다. 그는 부왕인 조지 5세가 죽자 독신 상태로 즉위했다. 그러나 1931년 6월 미국인 심프슨 부인을 만나면서 인생의 행로가 바뀐다. 심프슨 부인은 재혼한 상태의 유부녀였기 때문에 그녀와의 결혼은 영국 국교회의 전통에 반하는 행위였다. 에드워드 8세는 결국 왕위를 포기하고 심프슨 부인과의 사랑을 선택한 것으로 전해온다.

에드워드 8세는 비교적 소탈하고 활달한 성격의 소유자로 모든 계층을 초월하여 많은 사람들과 교제를 즐긴 인물이었다. 탄광 노동자들, 극빈 계층의 노동자들에 대한 각별한 관심으로 인해 서민적 풍모를 지닌 국왕으로 인식되기도 했다. 에드워드 8세는 왕세자 시절인 1928년 34살의 나이에 케냐로 사파리를 떠났다. 당대의 사냥꾼으로 명성을 날리던 헌터와 함께 사파리를 떠나고자 했으나 그가 미국인과의 선약이 있어 결국 데니스 핀치 해튼의 안내를 받았다. 유달리 사진에 각별한 관심을 갖고 있던 왕세자는 사파리 기간 중에 사냥보다는 사진 촬영에 더욱 몰두했다. 2년 후인 1930년에 다시 케냐에 온 왕세자는 핀치 해튼과 브로르 블릭센과 함께 다시 헌팅 사파리에 나섰다. 이때에도 사냥보다는 야생동물 사진에 커다란 의미를 부여했다고 전해진다.

헌터

한 시대를 풍미했던 사냥꾼 중 의심의 여지없이 최고의 사냥꾼으로 꼽히는 이가 헌터(J.A. Hunter)이다. 천4백 마리의 코끼리, 천 마리의 코뿔소, 3백5십 마리의 들소, 수백 마리의 사자를 사냥했으니, 경악할 만한 기록이다. 아마 오늘날에 살았더라면 희대미문(稀代未聞)의 잔혹한 밀렵꾼으로 낙인찍혔을 것이다.

프레더릭 셀러스의 사냥 이야기에 심취해 있던 그는 아프리카에서 45년을 보내고 나서 1950년 고향인 스코틀랜드로

돌아갔다. 그러나 다시 찾은 고향은 그가 꿈꾸었던 옛날의 고향이 아니었다. 그는 쓸쓸한 가슴을 안고 다시 아프리카로 향했다. 한 가지 아이러니한 것은 그가 나중에 밀렵 감시관으로 일했다는 사실이다. 사냥을 통하여 굳힌 명성과는 달리 생의 마지막 순간은 야생동물 보호에 헌신했다는 사실을 참회로 보아야 할지는 그만이 알 수 있는 일이다.

동물들이 사람들을 구경하는 곳으로

암보셀리 국립공원

암보셀리 국립공원(Amboseli National Park)은 킬리만자로 산자락에 위치하고 있다. 비록 킬리만자로 산의 주봉(主峰)은 탄자니아에 있지만 암보셀리 국립공원에서 바라보는 킬리만자로의 모습이 절경이라고 정평이 나 있을 정도로 전망 좋은 곳에 위치한 국립공원이다.

나이로비를 떠나 카지아도(Kajiado)를 지나서 계속 달리면 케냐와 탄자니아와의 국경에 위치한 나망가(Namanga)가 나타난다. 암보셀리로 향하기 전에 나망가의 휴게소에서 잠시 쉬었다가 다시 떠난다. 나망가의 출입국관리소와 세관 부근 길

거리에서는 토속공예품을 팔러 나온 마사이 여인들이 공예품을 사라고 차창 안으로 물건들을 들이민다.

나망가에서 암보셀리 국립공원까지는 비포장 도로이다. 건기에는 시야를 가릴 정도로 먼지가 심하다. 아주 미세한 흙먼지이기 때문에 특히 건기에는 사파리 차량의 창문을 닫아도 차 안으로 스며든다. 그렇게 먼지를 온통 뒤집어쓰고 나서야 로지에 도착한다. 나망가에서 공원 입구까지 이르는 도로 위에서는 많은 동물들을 볼 수 있다. 국립공원이라고 해도 인위적인 장벽이나 철책이 없고 단지 특정 지역에 대한 선포이기 때문에 입구에 도착하기도 전에 야생동물들과 조우하는 것이다. 먼지 세례를 받고 로지에 도착하면 그야말로 새로운 세계가 나타난다.

암보셀리는 적도에서 남쪽으로 불과 225㎞ 떨어져 있지만 3,500피트의 해발 고도에 있어서 비교적 선선하다. 탄자니아와 케냐의 국경 사이에 놓인 킬리만자로 산을 배경으로 코끼리들이 이동하는 모습이 특히 인상적이다. 만년설을 이고 있는 킬리만자로 산은 항상 자태를 드러내지는 않고 오후 늦게나 아침 일찍이 잠시 모습을 보인다.

암보셀리에는 항상 물이 고여 있는 습지가 있어 동물들이 물을 마시러 오거나 새들이 날아든다. 암보셀리 평원 한가운데 우뚝 솟은 구릉 꼭대기에는 전망대가 설치되어 있다. 동틀 무렵 전망대에 올라 습지에 몰려드는 새들과 동물들 그리고 사바나에 솟아오르는 해를 보노라면 황홀감에 사로잡힌다.

코끼리 등에 올라 벌레들을 쪼아대는 하얀 새들.
공생의 아름다움이 만들어낸 풍경이다(암보셀리 국립공원).

코끼리 등에 올라 벌레들을 열심히 쪼아대는 하얀 새들과 코끼리의 공생을 쉽게 볼 수 있는 곳도 암보셀리이다. 코끼리 가족의 움직임에 따라서 함께 이동하는 하얀 새들은 거무스름한 코끼리의 피부와 뚜렷한 대조를 이루며 환상적인 공생의 즐거움을 보여준다. 행운이 따른다면 눈 덮인 킬리만자로 산 중턱에 구름이 허리띠를 두르고 그 아래 펼쳐진 암보셀리의 초원에 앉아 먼 곳을 바라보는 사자의 자태를 볼 수도 있다.

마사이 마라 국립 야생동물 보호구역

마사이 마라 국립 야생동물 보호구역(Masai Mara National Reserve)은 많은 사람들의 귀에 익은 세계적인 명소다. 야생동물의 세계에 관한 많은 다큐멘터리가 마사이 마라를 배경으로 제작되었다. 「라이언 킹 *Lion King*」의 작품구상도 마사이 마라에서 이루어졌을 정도로 다양한 종류의 야생동물들이 살아가고 있다. 마사이 마라는 국경을 두고 탄자니아의 세렝게티 국립공원과 연결되어 있다. 세렝게티 국립공원이 14,760㎢나 되는 광대한 면적의 공원이라면 불과 1,670㎢의 면적에 불과한 마사이 마라는 그야말로 아주 작은 규모의 야생동물 보호구역이다. 그럼에도 불구하고 마사이 마라에는 해마다 많은 여행객들이 찾아온다. 이곳에는 야생동물들도 많고 여행객들이 쾌적하게 머물 수 있는 최상급의 로지가 많이 들어서 있기 때문이다. 대부분의 로지가 마라 강 근처나 물이 고여 있는 곳 가까이에 세워져 있기 때문에 이따금씩 하마가 물을 내뿜는 소리를 들을 수도 있다.

마사이 마라는 대부분의 야생동물들을 구경할 수 있기 때문에 가장 매력적인 사파리 대상지로 꼽힌다. 그 중 마라 강을 넘어 대이동하는 누(gnu, wildebeest)는 장엄한 광경을 연출하며 사파리의 백미로 꼽힌다. 매년 8~10월경에 탄자니아의 세렝게티와 케냐의 마사이 마라에서 펼쳐지는 누들의 대이동은 한편의 감동적인 파노라마이다.

마사이 마라에서는 열기구를 타고 동물들의 무리를 내려다보는 프로그램이 마련되어 있다. 사바나에서 펼쳐지는 대자연의 감동의 서사시를 내려다보길 원하는 관광객들은 열기구의 유혹을 뿌리칠 수 없다. 채 차가운 기운이 가시지 않은 이른 아침에 떠오르는 태양을 배경으로 열기구를 타보라. 오염되지 않은 아프리카의 대기를 호흡하며 사바나에 전개되는 아침을 맞이한다는 것은 분명 색다른 경험이다.

나쿠루 호 국립공원

조류(藻類, algae)를 먹으며 살아가는 홍학들은 리프트 밸리 지역의 알칼리 호수(alkaline lakes)에 집중적으로 서식한다. 헤아릴 수 없이 많은 홍학의 군무를 보려면 나쿠루 호 국립공원(Lake Nakuru National Park)과 보고리아 호 국립 야생동물 보호구역(Lake Bogoria National Reserve)으로 가야 한다. 그 중에서도 나쿠루 호의 홍학은 가히 압권이라고 할 수 있다. 2백만 마리 이상의 분홍색 홍학이 호수를 뒤덮은 광경을 바라보고 있노라면 황홀한 느낌이 온몸을 휘감는다. 나쿠루 호의 홍학은 그림엽서에 단골 소재로 등장한다.

동차보 국립공원과 서차보 국립공원

차보 국립공원은 케냐의 국립공원들 중에서 가장 광대한 면적을 차지한다. 나이로비와 몸바사 간 철도와 일반 도로를 경계로 동서로 양분되어 있다. 동차보 국립공원(Tsavo East National Park)은 면적이 13,000㎢이고, 서차보 국립공원(Tsavo West National Park)은 7,770㎢이다. 그 광활함과 야성의 매력으로 인하여 웅혼한 기상을 느낄 수 있는 곳이다.

서차보 국립공원에는 츌루 구릉지대에 내린 비가 지하로 스며들어 흐르다가 분출되는 곳이 있다. 음지마 샘(Mzima Springs)이 바로 그곳이다. 항상 풍부한 물이 솟아올라 동물들이 물을 마시러 온다. 건기에 가보면 마치 오아시스와 같은 인상을 준다. 맑은 물속에는 악어도 있고 하마가 물속에서 유유히 걷는 모습도 볼 수 있다. 항상 풍부한 물이 흐르기 때문에 물고기가 많아 물고기들이 헤엄치는 모습도 관찰할 수 있다.

차보 국립공원은 광대한 면적의 국립공원이라서 마사이 마라처럼 동물들이 조밀하게 서식하지는 않는다. 광활한 면적에 비교적 다양한 종류의 동물들이 서식하는데 특히 코끼리가 유명하다. 한때 밀렵이 극성을 부려 코끼리 수가 격감했으나 아직도 많은 코끼리들이 서식하고 있다. 다른 곳에 서식하는 코끼리와 뚜렷하게 대비되는 것은 차보의 코끼리는 황토색이라는 점이다.

샤바 국립 야생동물 보호구역

샤바 국립 야생동물 보호구역(Shaba National Reserve)은 챈들러 폭포(Chandler's Falls) 인근에 위치한 240㎢의 비교적 작은 규모의 보호구역이다. 『야생의 엘자 *Born Free*』를 출간하여 일약 세계적인 명사가 된 조이 애덤슨이 남편인 조지 애덤슨과 헤어지고 나서 생애의 마지막 순간을 보낸 곳이다. 조이 애덤슨은 이곳에 캠프를 치고 머물면서 표범의 행동에 관한 연구에 몰두하다가 1980년 1월 캠프에서 일하던 하녀에게 살해당했다. 거의 반사막지대의 식생(植生)이 펼쳐지지만 에와소 뉘로(Ewaso Nyiro) 강을 따라 나무들이 무성하게 자라서 녹색의 띠를 형성한다.

메루 국립공원

메루 국립공원(Meru National Park)은 적도를 관통한다. 타나 강이 흘러가기 때문에 습지가 많이 형성되어 있다. 그래서 비록 건조 지역에 자리잡고 있는 국립공원임에도 불구하고 물이 잘 공급되는 곳이다. 조이 애덤슨의 소설 『야생의 엘자』의 무대이기도 했던 메루 국립공원은 고아가 된 어린 사자 엘자가 다시 야생의 세계로 돌아간 곳이기도 하다. 비교적 낮은 지대에 위치하고 있기 때문에 공원 내의 식생과 환경도 다른 국립공원이나 보호구역과는 사뭇 다르다.

이곳에서는 영양과에 속하는 게레눅(gerenuk)을 많이 볼 수 있다. 게레눅은 목이 무척 길고 우아한 동물이다. 멸종위기로부터 보호하기 위해 검정코뿔소를 이주시켜놓고 지속적으로 밀렵 감시를 펼치는 곳이 바로 메루 국립공원이다. 마사이 마라나 암보셀리처럼 공원 내 도로가 원활하게 확보되어 있지 않아 낙타를 타고 밀렵 감시를 한다.

애버데어 국립공원

애버데어 국립공원(Aberdare National Park)은 기후와 식생은 물론 흔히 볼 수 있는 동물들의 종류도 다른 국립공원과 많이 다르다. 케냐 산과 나쿠루 사이의 적도 바로 아래에 자리잡고 있지만 해발 고도가 1,830~4,000m에 달하기 때문에 아래에서 올라감에 따라 다양해지는 식생대가 특징이다. 공원 내에는 폭포도 여러 개 있고 나무들도 울창하게 우거져 삼림을 이루고 있다. 이러한 생태적 특성으로 코끼리, 멧돼지, 들소가 많이 서식한다. 공원으로 들어가는 도중 가끔 마주치는 들소들의 무관심한 모습에 여행객들은 마치 불청객이 된 듯한 느낌에 사로잡힌다.

이곳은 식민지 시대에 영국의 식민 당국에 대항하여 무장투쟁을 전개했던 마우마우전사들이 은신하면서 유격전을 전개했던 유서 깊은 곳이기도 하다. 마우마우투쟁이 격화되어 식민 당국의 통치에 대한 커다란 위협으로 부상하자 영국 식민 당국은 마우마우단 진압을 위해 '앤빌군사작전(Operation Anvil)'을 펼쳐 마우마우단에 대한 초토화작전에 나섰다. 「코필드 보고서 Corfield Report」에 의하면 1956년 말까지 13,423명의 케냐인들이 희생되고 27,000명의 케냐인들이 강제수용소로 보내졌다. 국립공원으로 지정된 지금의 애버데어에서 이러한 식민역사의 잔혹성을 느낄 수는 없지만 애버데어는 케냐의 독립투쟁사에서 성소와 같은 곳이다. 식민 통치에 맞서 강력한 투쟁을 전개했던 케냐 민중들의 자취가 남아 있는 유서 깊은 장소이다.

공원 내에 있는 트리탑스(Treetops)는 멀리서 바라보면 마치 나무 위에 지어진 건물처럼 보인다. 무척 협소한 공간의 로지이기 때문에 네리에 있는 아웃스팬호텔에 짐을 맡기고 트리탑스로 향한다. 1952년 엘리자베스 2세 영국 여왕이 이곳에 머물던 도중 부왕의 서거 소식을 듣고 영국으로 급히 귀국해서 왕위에 올랐다. 이런 사연으로 인해 트리탑스는 명소가 되었다. 공주의 신분으로 나무 위에 올라갔지만 내려오니 여왕이 되었던 것이다.

트리탑스에서는 건물 아래에 소금을 뿌려놓는데 밤에 동물들이 소금을 먹으러 몰려온다. 트리탑스의 옥상은 동물들을 바라볼 수 있는 전망대이다. 밤에 동물들을 구경할 수 있도록 조명시설을 갖추어 놓은 덕분에 거의 자연 상태에서 동물들을 바라보는 즐거움을 누릴 수 있다. 트리탑스 앞에 있는 물웅덩이에는 밤마다 코끼리, 들소, 멧돼지 떼가 몰려들어 물을 마신다.

나이로비 국립공원

나이로비 시내 중심에서 불과 10㎞ 거리에 위치한 나이로비 국립공원(Nairobi National Park)은 아마 세계에서 수도로부터 가장 가까이에 위치한 국립공원일 것이다. 실제 나이로비 국립공원에서 시내 중심을 향해 바라보면 저 멀리 유유히 걸어가는 기린의 모습 너머로 나이로비의 빌딩 숲이 보인다.

나이로비 시의 언저리에 자리잡고 있는 나이로비 국립공원은 면적이 120㎢에 달하고 응공 언덕과 아씨 대평원(Athi

Plains)에 둘러싸여 있다. 케냐 전국에 걸쳐 지정된 45곳의 다른 국립공원이나 보호구역에 비하면 비교적 작은 규모임에도 불구하고 서식하고 있는 동물들은 다양하다. 영양의 일종인 일런드, 하트비스트, 임팔라가 흔히 발견되고 사자, 치타, 검은 코뿔소, 표범과도 종종 조우한다. 공원 입구에서부터 여행객들을 맞이하는 기린과 멧돼지는 아주 흔하다. 음바가씨 협곡(Mbagathi Gorge) 근처에 가면 하마들이 살고 있는 곳을 발견할 수 있다.

공원 입구에서 그리 멀지 않은 하이랙스 계곡(Hyrax Valley)에는 하이랙스라는 동물이 산다. 형태적으로는 설치류처럼 생겼으나 분류학상으로는 코끼리에 가깝다. 바위하이랙스(rock hyrax)와 나무하이랙스(tree hyrax) 두 종류가 있다. 공원 정문 이외에도 랑아타 게이트, 반다 게이트, 마사이 게이트, 치타 게이트, 이스트 출입구 등 다섯 군데의 출입구가 있어 어느 곳으로부터도 접근하기 쉽다.

공원 입구에서 조금 들어가면 모이 대통령이 상아를 압수해서 불태운 장소가 나타난다. 1989년 케냐 정부는 야생동물 보호에 대한 단호한 의지를 국내외에 과시하기 위해 약 12톤의 상아를 소각했다. 당시에 소각한 상아의 재와 뼈조각들이 아직도 남아 있다. 당시 시가로 270만 달러 상당의 상아를 불길 속으로 날려보내고, 그 자리에 이를 기념하는 코끼리상을 세웠다. 한편 나이로비 국립공원은 무려 400종 이상의 조류가 서식하고 있어 조류에 관심을 가진 사람들도 많이 찾는다.

삼부루 국립 보호구역

라이키피아 국립 보호구역과 샤바 국립 보호구역 사이에 위치한 삼부루 국립 보호구역(Samburu National Reserve)에는 그레비 얼룩말, 딕딕, 게레눅이 많이 서식한다. 게레눅이 뒷다리로 서서 나뭇잎을 따먹는 특이한 모습이 인상적이다. 기다란 목, 커다란 목이 다른 동물과 뚜렷하게 구분되는 게레눅은 우아한 모습의 동물이다. 딕딕(dikdik)은 영양과에 속한 동물들 중에서 가장 작은 종류이다. 배설물로 세력권을 표시한다. 비교적 겁이 많아서 흔히 눈에 뜨이는 동물은 아니다. 그레비 얼룩말(Grevy's zebra)은 얼룩말 중에서 가장 큰 종류이다. 몸통과 다리가 좁은 얼룩으로 덮여 있어 다른 얼룩말들과 구분된다. 일반 얼룩말들과는 달리 그레비 얼룩말은 특히 우기에 집중적으로 모여든다. 삼부루 국립 보호구역의 지형적 특징 때문에 여행객들이 낙타를 타고 여행을 하기도 한다.

케냐 산 국립공원

케냐 산기슭에 위치한 케냐 산 국립공원(Mount Kenya National Park)은 케냐의 다양한 기후와 식생을 가장 특징적으로 보여주고 있는 곳이다. 케냐 산 국립공원의 가장 두드러진 특징은 역시 위로 올라갈수록 달라지는 식생대와 지형일 것이다. 해발 5,199m의 케냐 산 정상은 빙하로 덮여 있다. 빙하가

녹아서 흘러내리는 풍부한 물이 울창한 숲을 이룬다. 케냐 산 국립공원에는 들소, 코뿔소, 표범이 서식하고 있으며, 무엇보다 다양한 새들이 이목을 집중시킨다.

케냐 산 국립공원으로 가려면 타나 강을 건너야 한다. 타나 강은 케냐 산에서 발원하여 인도양으로 흘러들어가는 케냐에서 가장 긴 강이다. 나이로비에서부터는 200㎞ 정도의 거리에 위치해 있다. 케냐 산자락에 그림처럼 자리잡고 있는 마운트 케냐 사파리 클럽(Mount Kenya Safari Club)은 적도 위에 걸터앉아 있다. 즉, 위도가 0도이다. 그러나 해발 고도가 2,135미터에 달하기 때문에 나이로비보다 오히려 선선하다. 할리우드의 명배우 윌리엄 홀던(W. Holden)이 문을 열었다. 마운트 케냐 사파리 클럽에서는 케냐 산 인근에서 살아가는 메루 부족민들의 전통춤을 구경할 수 있고 골프나 승마도 즐길 수 있다.

케냐 곳곳에 자리잡고 있는 국립공원이나 야생동물 보호구역은 제각기 독특한 개성과 매력을 고스란히 간직하고 있다. 이곳에서 펼쳐지는 자연의 세계는 비단 케냐인들만의 소중한 자산일 뿐 아니라 인류 공동의 유산이다. 따라서 케냐의 야생동물들을 보호하고 생물의 다양성을 보존해나가는 것 역시 케냐인들만의 과제가 아닌 인류 공동의 책임이다. 세계의 사파리 수도 나이로비에 발을 내딛는 순간, 이러한 깨달음과 실천적 모색이 시작되는 것은 아닐까?

참고문헌

Allen, Chris and Williams, Gavin, eds., *Sociology of "Developing Societies" Sub-Saharan Africa*, London and Basingstoke : The Macmillan Press Ltd., 1982.

Aseka, Eric, *Jomo Kenyatta*, Nairobi : East African Educational Publishers, 1992.

Bull, Bartle, *Safari : A Chronicle of Adventure*. London : Penguin Books Ltd., 1992.

Knappert, Jan, *East Africa : Kenya, Tanzania & Uganda*, New Delhi : Vikas Publishing House Pvt. Ltd., 1987.

Ochieng', William Robert, ed., *Themes in Kenyan History*, Nairobi : Heinemann Kenya, 1990.

Patterson, J.H., *The Man-Eaters of Tsavo*, New York : Pocket Books, 1996.

Roberts, A.D., ed., *The Cambridge History of Africa Volume 7 from 1905 to 1940*, Cambridge : Cambridge University Press, 1986.

Rogers, Adam, ed., *Taking Action : An Environmental Guide For You and Your Community*, Nairobi : The United Nations Environmental Programme, 1995.

Sassi, Dino, *Kenya : Souvenir*, Nairobi : Kenya Stationers Ltd., 1978.

Shelley, Steve, *Safari Guide to the Mammals of East and Central Africa*, London and Basingstoke : Macmillan Publishers Ltd., 1989.

Spear, Thomas, *Kenya's Past : An Introduction to Historical Method in Africa*, London and New York : Longman, 1981.

Story, Sylvia and Banner, Alfred E., *Where to Fish in Kenya*, Nairobi : Ines May-Publicity, 1976.

Time-Life Books B.V., *L'Afrique orientale : Peuples et Nations*. Amsterdam : Éditions Time-Life, 1986.

양철준, 『피카소가 사랑한 아프리카』, 황금가지, 1998.

나이로비 아프리카의 관문

펴낸날 **초판 1쇄 2004년 6월 30일**
초판 2쇄 2015년 4월 14일

지은이 **양철준**
펴낸이 **심만수**
펴낸곳 **(주)살림출판사**
출판등록 **1989년 11월 1일 제9-210호**

주소 **경기도 파주시 광인사길 30**
전화 **031-955-1350** 팩스 **031-624-1356**
기획 · 편집 **031-955-4671**
홈페이지 **http://www.sallimbooks.com**
이메일 **book@sallimbooks.com**

ISBN 978-89-522-0256-7 04080

※ 값은 뒤표지에 있습니다.
※ 잘못 만들어진 책은 구입하신 서점에서 바꾸어 드립니다.

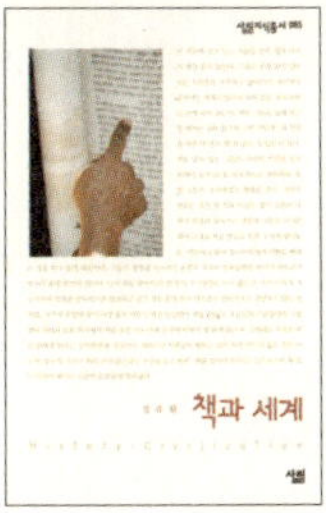

085 책과 세계

강유원(철학자)

책이라는 텍스트는 본래 세계라는 맥락에서 생겨났다. 인류가 남긴 고전의 중요성은 바로 우리가 가 볼 수 없는 세계를 글자라는 매개를 통해서 우리에게 생생하게 전해 주는 것이다. 이 책은 역사라는 시간과 지상이라고 하는 공간 속에 나타났던 텍스트를 통해 고전에 담겨진 사회와 사상을 드러내려 한다.

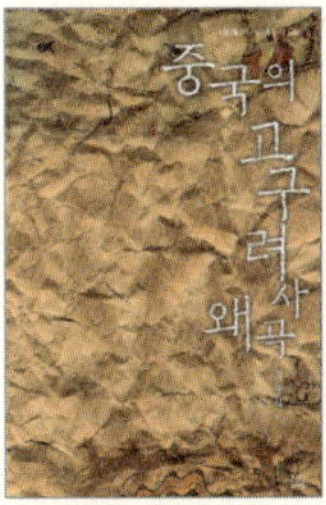

056 중국의 고구려사 왜곡 eBook

최광식(고려대 한국사학과 교수)

중국의 고구려사 왜곡의 숨은 의도와 논리, 그리고 우리의 대응 방안을 다뤘다. 저자는 동북공정이 국가 차원에서 진행되는 정치적 프로젝트임을 치밀하게 증언한다. 경제적 목적과 영토 확장의 이해관계 등이 복잡하게 얽혀 있는 동북공정의 진정한 배경에 대한 설명, 고구려의 역사적 정체성에 대한 문제, 고구려사 왜곡에 대한 우리의 대처방법 등이 소개된다.

291 프랑스 혁명 eBook

서정복(충남대 사학과 교수)

프랑스 혁명은 시민혁명의 모델이자 근대 시민국가 탄생의 상징이지만, 그 실상을 아는 사람은 많지 않다. 프랑스 혁명이 바스티유 습격 이전에 이미 시작되었으며, 자유와 평등 그리고 공화정의 꽃을 피기 위해 너무 많은 피를 흘렸고, 혁명의 과정에서 해방과 공포가 엇갈리고 있었다는 등의 이야기를 통해 프랑스 혁명의 실상을 소개한다.

139 신용하 교수의 독도 이야기 eBook

신용하(백범학술원 원장)

사학계의 원로이자 독도 관련 연구의 대가인 신용하 교수가 일본의 독도 영토 편입문제를 걱정하며 일반 독자가 읽기 쉽게 쓴 책. 저자는 역사적으로나 국제법상으로 실효적 점유상으로나, 어느 측면에서 보아도 독도는 명백하게 우리 땅이라고 주장하며 여러 가지 역사적인 자료를 제시한다.

144 페르시아 문화

eBook

신규섭(한국외대 연구교수)

인류 최초 문명의 뿌리에서 뻗어 나와 아랍을 넘어 중국, 인도와 파키스탄, 심지어 그리스에까지 흔적을 남긴 페르시아 문화에 대한 개론서. 이 책은 오랫동안 베일에 가려 있던 페르시아 문명을 소개하여 이슬람에 대한 편견과 오해를 바로 잡는다. 이태백이 이란계였다는 사실, 돈황과 서역, 이란의 현대 문화 등이 서술된다.

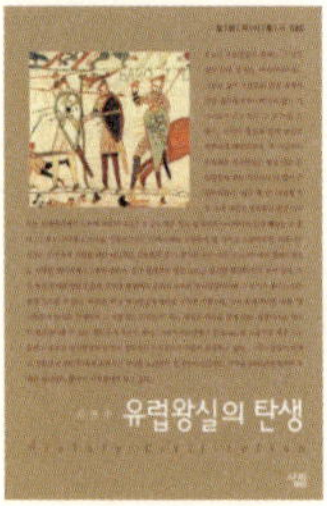

086 유럽왕실의 탄생

김현수(단국대 역사학과 교수)

인류에게 '예술과 문명' 그리고 '근대와 국가'라는 개념을 선사한 유럽왕실. 유럽왕실의 탄생배경과 그 정체성은 무엇인가? 이 책은 게르만의 한 종족인 프랑크족과 메로빙거 왕조, 프랑스의 카페 왕조, 독일의 작센 왕조, 잉글랜드의 웨섹스 왕조 등 수많은 왕조의 출현과 쇠퇴를 통해 유럽 역사의 변천을 소개한다.

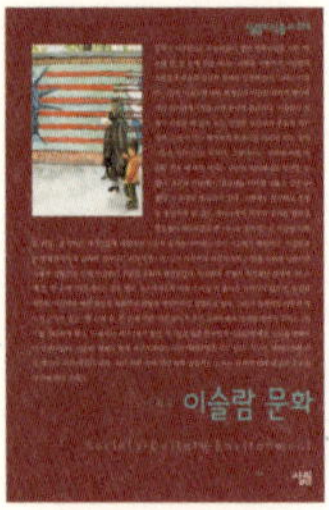

016 이슬람 문화

이희수(한양대 문화인류학과 교수)

이슬람교와 무슬림의 삶, 테러와 팔레스타인 문제 등 이슬람 문화 전반을 다룬 책. 저자는 그들의 멋과 가치관을 흥미롭게 설명하면서 한편으로 오해와 편견에 사로잡혀 있던 시각의 일대 전환을 요구한다. 이슬람교와 기독교의 관계, 무슬림의 삶과 낭만, 이슬람 원리주의와 지하드의 실상, 팔레스타인 분할 과정 등의 내용이 소개된다.

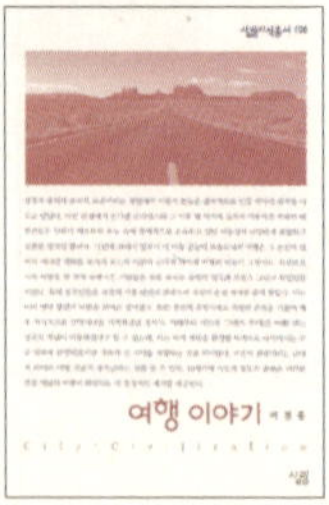

100 여행 이야기

eBook

이진홍(한국외대 강사)

이 책은 여행의 본질 위를 '길거리의 철학자'처럼 편안하게 소요한다. 먼저 여행의 역사를 더듬어 봄으로써 여행이 어떻게 인류 역사의 형성과 같이해 왔는지를 생각하고, 다음으로 여행의 사회학적 · 심리학적 의미를 추적함으로써 여행에 어떤 의미를 부여할 것인가에 대해 말한다. 또한 우리의 내면과 여행의 관계 정의를 시도한다.

293 문화대혁명 중국 현대사의 트라우마

eBook

백승욱(중앙대 사회학과 교수)

중국의 문화대혁명은 한두 줄의 정부 공식 입장을 통해 정리될 수 없는 중대한 사건이다. 20세기 중국의 모든 모순은 사실 문화대혁명 시기에 집약되어 있다고 해도 과언이 아니다. 사회주의 시기의 국가 · 당 · 대중의 모순이라는 문제의 복판에서 문화대혁명을 다시 읽을 필요가 있는 지금, 이 책은 문화대혁명에 대한 안내자가 될 것이다.

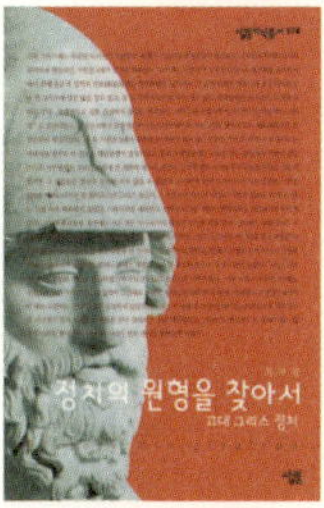

174 정치의 원형을 찾아서

eBook

최자영(부산외국어대학교 HK교수)

인류가 걸어온 모든 정치체제들을 매우 짧은 기간 동안 시험하고 정비한 나라, 그리스. 이 책은 과두정, 민주정, 참주정 등 고대 그리스의 정치사를 추적하고, 정치가들의 파란만장한 일화 등을 소개하고 있다. 특히 이 책의 저자는 아테네인들이 추구했던 정치방법이 오늘 우리 사회가 당면한 문제를 해결할 수 있는 지혜의 발견에 도움을 줄 수 있을 것이라고 말한다.

420 위대한 도서관 건축순례

eBook

최정태(부산대학교 명예교수)

이 책은 도서관의 건축을 중심으로 다룬 일종의 기행문이다. 고대 도서관에서부터 21세기에 완공된 최첨단 도서관까지, 필자는 가능한 많은 도서관을 직접 찾아보려고 애썼다. 미처 방문하지 못한 도서관에 대해서는 문헌과 그림 등 가능한 많은 정보를 수집하려 노력했다. 필자의 단상들을 함께 읽는 동안 우리 사회에서 도서관이 차지하는 의미에 대해 다시 생각하게 된다.

421 아름다운 도서관 오디세이

eBook

최정태(부산대학교 명예교수)

이 책은 문헌정보학과에서 자료 조직을 공부하고 평생을 도서관에 몸담았던 한 도서관 애찬가의 고백이다. 필자는 퇴임 후 지금까지 도서관을 돌아다니면서 직접 보고 배운 것이 40여 년 동안 강단과 현장에서 보고 얻은 이야기보다 훨씬 많았다고 말한다. '세계 도서관 여행 가이드'라 불러도 손색없을 만큼 풍부하고 다채로운 내용이 이 한 권에 담겼다.

eBook 표시가 되어있는 도서는 전자책으로 구매가 가능합니다.

(주)살림출판사
www.sallimbooks.com
주소 경기도 파주시 문발동 522-1 | 전화 031-955-1350 | 팩스 031-955-1355